AF295773

PROCÈS

D'UN PATRONÉ

DE

LA MARTINIQUE.

> « Quand les lois sont impuissantes ou muettes
> pour punir de grands coupables, il faut les frap-
> per des verges de la publicité. C'est le seul moyen
> de mettre un terme à toutes les infamies, et
> d'en épouvanter les auteurs. »
>
> LAINÉ DE VILLEVÊQUE, député.
> (*Discours prononcé à la chambre des députés
> le 4 septembre 1830.*)

PARIS.

IMPRIMERIE DE DEZAUCHE,

FAUBOURG MONTMARTRE, N° 11.

1833.

PROCÈS

D'UN PATRONÉ

DE

LA MARTINIQUE.

Le procès du sieur Louisy m'ayant procuré encore une fois l'occasion d'élever la voix en faveur des patronés ou libres de fait de nos colonies, j'ai de nouveau exposé leurs griefs et j'en ai demandé le redressement.

Un mémoire que j'ai présenté, en 1831, à M. le procureur-général de la cour de cassation, ayant été cité dans son réquisitoire, je me crois obligé par cette circonstance de le reproduire dans la publication de ce procès, qui est destiné à faire époque dans les annales des colonies.

Mon but était d'éclairer l'opinion des magistrats sur une matière nouvelle pour eux et généralement inconnue en France. J'ai cherché à porter ma conviction dans l'esprit des juges, et je suis d'autant plus heureux d'y avoir réussi, qu'un jugement solennel a définitivement fixé le sort des patronés.

En revendiquant pour eux les dispositions du code noir ou édit de 1685, en invoquant les lois naturelles si long-temps méconnues à leur égard, j'ai dû trouver et j'ai trouvé en effet un puissant et noble appui dans M. le procureur-général à la cour de cassation. Que sa voix était persuasive et éloquente lorsqu'elle s'est fait entendre en faveur des infortunés patronés! Ah! puisse-t-elle s'élever toujours ainsi en faveur de cette cause sacrée et impérissable de la liberté et de l'humanité!

La cassation de l'arrêt qui condamnait Louisy à une peine infamante ne profitera pas à lui seulement, mais encore à tous ceux qui comme lui étaient dans une position mixte et indéterminée.

Assimilés aux hommes libres, quant à la pénalité, les

patronés ne pourront plus être passibles des châtimens qu'on inflige aux malheureux esclaves. Et quoi qu'en disent M. Dessalles, ex-magistrat, et M. Arsène Nogues, procureur-général à la Martinique, les procureurs du roi coloniaux ne pourront plus faire fustiger aux quatre piquets les libres de fait.

Les ordonnateurs et les exécuteurs de ces infâmes supplices auront à chercher ailleurs, et ne trouveront malheureusement que trop d'occasions d'assouvir d'odieuses vengeances ; mais ils n'auront plus le loisir de faire sillonner la chair des patronés par le fouet meurtrier des bourreaux (1).

Ce sont donc autant de victimes arrachées au système qui s'écroule de toutes parts et qui n'a trouvé au sein des chambres que M. de Montlosier pour le défendre.

Au XIXe siècle se proclamer l'apologiste de la fustigation et de la mutilation !!!

Mais la pudeur publique qui condamne et conspue tout ce qui est ignoble, léguera à l'impitoyable histoire le soin de flétrir toutes les iniquités de cette époque.

Déjà la cour suprême en a fait justice par son arrêt du 9 mars, rendu à l'unanimité. Inaccessible à toutes les influences, elle a repoussé les insinuations qui tendaient à lui arracher une décision contraire.

(1) Dans un article du *Journal la Révolution*. du 14 janvier 1831, et dans une brochure que j'ai publiée au mois d'octobre de la même année, on trouve la note suivante :

« On ne se fait pas une idée en Europe d'un quatre-piquets. L'homme ou la femme, car le sexe n'est pas respecté, est couché à plat ventre par terre ; ses mains et ses pieds sont liés et on les attache à quatre piquets de fer qui tiennent au pavé et qui sont placés à une certaine distance l'un de l'autre. Le patient est étendu et reçoit sur les fesses les coups qui lui sont appliqués avec toute la force du bras. Chaque coup emporte la peau et le sang jaillit. »

Ce châtiment, qui peut être ordonné par un simple commissaire de police, a souvent lieu dans une place publique aux heures où il s'y trouve le plus de monde ; cette précaution ayant pour objet d'avilir et de flétrir davantage la victime aux yeux de la populace. C'est le jour du marché surtout que l'exécution a lieu, et là, la femme est exposée à moitié nue aux regards de ceux qui ont l'impudeur d'assister à cet horrible spectacle, et sa chair est déchirée par l'exécuteur qui frappe avec un fouet de huit à dix pieds de longueur.

On a vu des maîtres d'esclaves, par un raffinement de cruauté, faire creuser des trous dans la terre pour contenir la rotondité du ventre de la femme enceinte qu'ils font fouetter. Ce supplice a plus d'une fois provoqué et causé l'avortement, et la justice a dû se taire puisque le maître a le droit d'infliger le châtiment du fouet à ses esclaves des deux sexes. Ainsi voilà un crime horrible explicitement autorisé par les lois coloniales.

Les mémoires des délégués de l'aristocratie coloniale et ceux transmis par le ministère de la marine, ont été appréciés par la cour et justement qualifiés par M. le procureur-général et l'avocat chargé de la défense. Ainsi la confusion est restée à ceux qui ont altéré les faits dans leurs écrits et à ceux qui ont fait des visites dans le but de circonvenir des magistrats restés fidèles à leur conscience et à leur devoir,

Gloire à la justice de la cour de cassation ! honneur au procureur-général et à l'avocat qui ont contribué à la cassation de l'arrêt attaqué! la reconnaissance d'une classe infortunée leur est acquise. Et c'est autant pour leur exprimer la mienne que pour leur rendre un hommage mérité, que je livre à l'impression les pièces de ce procès.

Paris, le 24 mars 1833.

Fabien ,
*Mandataire des hommes de couleur
de la Martinique.*

P. S. Le pourvoi en cassation, aux termes de l'ordonnance organique de 1827, ne pouvant être formé pour les esclaves, Michel et Léo, co-accusés de l'affaire Louisy, n'ont pas profité de la cassation de l'arrêt. Une demande en grâce a été déposée à la chancellerie pour ces deux infortunés ; si, comme nous osons l'espérer, leur grâce est accordée, nous serons d'autant plus satisfaits d'avoir imploré la clémence royale, que Michel et Léo n'avaient pas seize ans lorsqu'ils ont commis *le crime d'avoir frappé un colon privilégié.*

Il ne savaient pas quelle peine ils encouraient !

La mère de Michel est à Paris, elle implore la grâce de son fils ; elle n'implorera pas en vain.

RAPPORT DE M. DE CHANTEREYNE.

(Audience du 9 mars 1833.)

Après avoir rappelé les faits du procès et présenté l'analyse fidèle du mémoire produit par le défenseur, ce magistrat pose ainsi les questions du procès :

« 1° A la Martinique est-il des patronés, et quelle est leur condition ? 2° Le patroné est-il soumis pour ses méfaits aux peines des esclaves, ou à celles des hommes libres ? 3° Louisy est-il patroné ?

« Sur le premier point, il paraît constant qu'à la Martinique et dans d'autres colonies, parmi les personnes qui les habitent, il en est qui sont entièrement libres, d'autres entièrement esclaves, d'autres enfin qui ont été affranchies par leurs maîtres, mais dont l'émancipation n'a pas été autorisée ou sanctionnée par l'autorité coloniale. Cette dernière classe, connue sous le nom de *patronés*, à cause des patrons qu'elle se choisit elle-même, forme une portion assez considérable de la population des Antilles. Les patronés jouissent de certaines facultés; ils sont admis à exercer sous l'autorité de justice certaines actions et à faire même partie de la milice. Quant à l'exercice direct et personnel des droits civils, apanage exclusif des hommes de condition libre, les patronés ne l'acquièrent que lorsque leur affranchissement a été revêtu du sceau de l'autorité publique. Toutefois, s'il est difficile de regarder comme appartenant encore à la classe des esclaves proprement dite, des hommes qui de fait sont en possession de certains droits civils, il est difficile aussi de les regarder comme des hommes entièrement libres, parce que les ordonnances coloniales *les réputent esclaves*. Mais résulte-t-il de cette espèce d'état intermédiaire entre l'esclavage et la liberté, qu'ils puissent être légalement atteints des mêmes peines que les esclaves...? Est-ce là ce que veut la législation qui régit les colonies ? Tel est le point important soumis à la décision de la cour. »

Ici M. le rapporteur analyse les art. 5o et 56 du code des noirs, desquels il résulte que l'affranchissement du maître suffit pour conférer la liberté.

« Ces fictions de la loi, ajoute-t-il, en associant en quelque sorte le maître à l'exercice de la puissance publique, pouvaient être une source d'abus dont la crainte a été, depuis, fort exagérée ; mais elles étaient plus conformes aux principes d'une saine philantropie que cette fiction rigoureuse qui, sous le rapport de la loi pénale, ferait réputer esclave l'affranchi qui, au don de la liberté reçue des mains de son maître, n'aurait pas joint l'accomplissement des formalités prescrites pour acquérir dans toute son étendue la liberté légale. »

Citant les ordonnances de 1713 et 1736 qu'on oppose au code noir, M. le rapporteur fait remarquer qu'elles sont abandonnées sur un point essentiel par le gouvernement, puisqu'il a décidé par une dépêche télégraphique du 2 mai 1828, que les gouverneurs des colonies doivent s'abstenir dans tous les cas de vendre comme épaves aucun des individus qui jouissent d'une liberté de fait. Et quant aux dispositions de ces ordonnances qui sont encore en vigueur, en résulte-t-il que les patronés, que ces hommes reconnus pour être libres de fait, soient cependant aux yeux de la loi pénale de véritables esclaves ?

« Les ordonnances de 1713 et 1736 ont formellement déclaré nuls les affranchissemens faits sans le concours de l'autorité publique; dès lors ces actes semblent devoir être considérés comme non avenus, et l'on pourrait en conclure que celui dont l'affranchissement est frappé de nullité ne doit en recueillir aucun avantage. Mais lorsque ces règlemens ajoutent que les affranchis irréguliers ne peuvent être forcés de retourner aux anciens maîtres qui leur ont fait don de la liberté, ni devenir la propriété d'un nouveau maître, il faut bien pourtant que leur affranchissement, tout irrégulier aux yeux de la loi, produise quelque effet.

« Quel est celui qu'ont voulu produire les règlemens, et quel est le sens naturel qui défend aux patronés de jouir du bénéfice de ces affranchissemens illégaux? C'est qu'ils ne peuvent jouir des droits civils, qu'ils auraient acquis par un affranchissement régulier. Voilà l'objet des fictions établies par les ordonnances coloniales, fictions qui ne doivent pas être arbitrairement étendues d'un cas à un autre; voilà ce qu'ont voulu les règlemens coloniaux; voilà sous quel point de vue des affranchis irréguliers sont réputés encore esclaves; voilà pourquoi les patronés, pour exercer les actions compatibles avec leur état, ont besoin d'une ordonnance qui les autorise à ester en jugement.

« Comme le nombre des affranchissemens non autorisés est, malgré les dispositions prohibitives, très-considérable, il est arrivé que, par une sorte de tolérance, l'autorité publique a permis aux affranchis de fait d'exercer des professions, d'en acquitter les charges, d'entrer même au service des milices; d'où il est résulté que lors de leur décès quelques-uns ont été inscrits sur les registres destinés aux habitans libres; mais dans l'opinion du ministère public colonial, là doivent se borner les priviléges que la tolérance leur accordait, et on soutient que, pour le surplus, soumis à la surveillance de leur patron, ils rentrent ou demeurent dans la condition des esclaves. A cette objection on peut sans doute répondre que l'intervention de la loi est nécessaire pour que ces hommes soient admis à la jouissance des droits civils et politiques; et l'on conçoit qu'une pareille mesure mérite de la part du législateur un sérieux examen ; mais ce qui est dans les attributions de la cour, c'est le droit et le devoir d'examiner s'il résulte des expressions des lois coloniales et s'il est dans leur esprit que des règles établies pour l'ordre civil soient étendues à la juridiction criminelle. Ces lois ont-elles voulu en effet établir en principe que l'affranchi, admis comme les hommes libres à faire le commerce, à partager le fardeau des charges publiques, à servir le roi et la colonie dans les milices qui rejettent de leur sein tout esclave, soit, pour un délit correctionnel et pour cela seul que son affranchissement n'a pas un caractère légal, condamné à recevoir des coups de fouet de la main du bourreau, à subir la peine du carcan, et à rester deux ans attaché à la chaîne de police de la ville qu'il habite? Est-ce là, Messieurs, le résultat légal est nécessaire des ordonnances qui régissent nos colonies ?

« Si les règlemens coloniaux réputent encore esclaves ceux qu'ils déclarent ne pouvoir jouir sous le rapport des droits civils du bénéfice d'un affranchissement irrégulier, c'est une fiction qui, suivant les règles du droit et dans l'objet que s'est proposé le législateur, peut avoir autant de force que la vérité même; mais cette fiction peut-elle, s'appliquant à un autre objet, s'étendant du civil aux criminel, aller jusqu'à soumettre un homme libre, au moins de fait, et reconnu tel par l'administration, aux peines portées contre les esclaves qui n'ont reçu, ni de l'autorité publique, ni de leur maître, aucune modification dans leur état ?

« Cette question est d'autant plus grave qu'aucune disposition spéciale de la loi n'excepte les patronés du genre de pénalité généralement et sans aucune exception réservé aux esclaves ; mais il n'est aussi aucune disposition de loi qui, pour les délits dont ils se rendent coupables, les confonde avec les esclaves ; et il faut convenir que, dès lors que les patronés sont admis à faire partie des milices, il serait étrange qu'on les soumît, à raison de fautes ou de délits commis dans leur service, à des peines de discipline autres que celles infligées à des frères d'armes auxquels ce service les assimile ; et si dans un cas la pénalité de l'homme libre leur devenait applicable, on peut se demander pourquoi elle ne le serait pas dans d'autres circonstances.

« En supposant que cette induction ne fût pas regardée comme assez puissante par le silence de la loi, serait-il permis de l'adopter par cette grande considération qu'en matière criminelle, c'est en faveur du prévenu que dans le doute il convient de se décider ? »

M. le rapporteur fait remarquer que ce principe de justice est d'autant plus applicable, que les ordonnances coloniales n'attachent au défaut de justification des libertés, d'autre peine que d'être déclaré esclave au profit de sa majesté, disposition tombée en désuétude et abandonnée par le gouvernement. Il termine cette partie de son travail en analysant les observations transmises par le procureur-général de la Martinique, en indiquant à la cour que la question y est mal à propos traitée sous le rapport des droits civils, et qu'enfin si le patroné n'était, comme le soutient ce magistrat, qu'un véritable esclave, il faudrait aller jusqu'à dire qu'il ne peut se pourvoir en cassation, tandis que la cour par-son arrêt interlocutoire a paru disposée à faire à cet égard une distinction entre l'esclave et le patroné. Il reste à examiner si Louisy établit cette dernière qualité dans sa personne. Divers faits et pièces du procès, avant tout son incorporation dans la milice, mettent la cour à portée de statuer à cet égard, pour juger ensuite la question du fond.

« Cette question est grave, dit en terminant l'honorable conseiller ; elle intéresse une classe nombreuse d'hommes qui, après avoir obtenu de leurs maîtres le don de la liberté, ont pu et peuvent encore se rendre utiles dans les colonies pour le maintien de l'ordre public. Elle intéresse également les blancs et les hommes libres que les lois coloniales environnent avec raison d'une protection spéciale.

« Il peut paraître dur d'appliquer à un individu né, il est vrai, dans l'esclavage, mais qui n'a plus et ne peut plus avoir de maître, les peines rigoureuses établies particulièrement en faveur des maîtres, dont la vie est en quelque sorte dans les mains des esclaves attachés à leur ser-vice. Toutefois il ne faut pas perdre de vue que dans les colonies, la sûreté de la population blanche et libre, moins nombreuse que celle des autres individus, exige elle-même une répression sévère des délits commis par ceux qui ne sont pas de cette condition.

« D'un autre côté, n'oublions pas que l'art. 34 de l'or-donnance de 1685 suit immédiatement l'art. 33 qui punit de mort l'esclave qui a frappé *son maître*, et le rappro-chement de ces deux articles pourrait conduire peut-être à penser que l'art. 34 est, comme celui qui le précède, relatif seulement à l'esclave resté au pouvoir d'un maître.

« La cour a vu que le code noir accorde aux esclaves affranchis par la volonté de leurs maitres les mêmes droits qu'aux personnes libres, et l'on pourrait se demander s'il est possible d'appliquer la disposition pénale de ce code portée contre les esclaves à celui qui, d'après ce code même, aurait acquis une liberté complète.

« On pourrait se demander encore, par la même raison, si la peine prononcée contre le patroné Louisy a eu pour base légale l'art. 11 de l'ordonnance du 25 octobre 1784, portant que l'esclave qui aura frappé un blanc sera puni corporellement; et que si c'est *son maître*, il sera dans certains cas puni de mort.

« Existe-t-il enfin aucune disposition de loi qui, sous le rapport de la pénalité, ait assimilé aux véritables escla-ves des affranchis irréguliers, des hommes libres de fait, qui, par l'insuffisance de leur titre, privés de la jouissance des droits civils, sont néanmoins admis par les autorités locales à la participation de quelques-uns de ces droits, et notamment à l'honneur de porter les armes dans les milices coloniales ?

« Que cette participation soit ou non à titre de tolé-rance; que les lois coloniales, dès long-temps modifiées par l'usage et dont les mœurs des colons eux-mêmes ont adouci la rigueur, refusent en général aux patronés la jouissance des droits qui n'appartiennent qu'à un état de liberté régulier et complet; faut-il en conclure que ces lois, ainsi modifiées dans la pratique, aient voulu et veu-lent encore que les patronés restent confondus avec la foule des esclaves, et soient en tout soumis aux mêmes peines ?

« Il est dur, dit le chancelier Bacon, de donner la torture aux lois, pour en prendre droit de torturer les hommes : *durum est torquere leges ad hoc ut torqueant homines.* Les lois pénales, quel qu'en soit l'objet, ne sont pas au nombre de celles que peut étendre d'une classe d'hommes à une autre une interprétation arbitraire. Ainsi, toutes les fois qu'en matière criminelle il se trouve quelque doute sur la loi pénale à appliquer, le sort de l'accusé ne peut être douteux, et de deux peines dont l'application peut présenter dans le choix quelque incertitude, c'est la peine la plus douce qui doit être prononcée.

« Ces principes sont de tous les temps et de tous les pays civilisés.

« La cour jugera s'ils peuvent être appliqués à des colonies dont la sûreté et les besoins exigent des modifications particulières aux lois générales. La cour jugera si la rigueur nécessaire d'une législation spéciale est compatible avec ces tempéramens de l'équité et de l'humanité qu'aiment à suivre les magistrats toutes les fois que leur devoir leur permet d'en écouter la voix.

« La cour jugera enfin jusqu'où peuvent s'étendre les effets de ces anciennes ordonnances qui, d'après l'art. 5 du code pénal colonial, n'ont qu'une existence provisoire, devant être bientôt remplacées par d'autres règlemens, et si d'après ce code pénal lui-même qui, par rapport aux crimes et délits, ne connaît que deux classes de personnes, les hommes libres et les esclaves, on doit regarder les patronés comme esclaves ou comme personnes libres dans le sens de la loi pénale.

« C'est la question importante que la cour va résoudre dans un esprit de sagesse également éloigné de cette rigueur arbitraire qui ajouterait à la loi, et de cette molle indulgence qui tendrait à affaiblir ses ressorts et à énerver son empire. »

PLAIDOYER DE Mᵉ AD. GATINE

DEVANT LA COUR DE CASSATION.

(Audience du 9 mars 1833.)

Durum est torquere leges ad hoc ut torqueant homines.
Le chancelier BACON.

Messieurs,

Ce procès a grandi depuis le premier arrêt de la cour. Des intérêts hostiles se sont émus, des passions même ont voulu pénétrer dans le sanctuaire de la justice; de toutes parts des plaidoyers se sont élevés contre le pourvoi; tant il importe apparemment que Louisy n'échappe pas au fouet, au carcan, à la chaîne de police, à tous ces supplices d'esclave; lui, homme libre, et soldat dans une milice française.

D'autre part, cependant, de vives et généreuses sympathies se produisent. Il ne s'agit pas seulement d'arracher un malheureux à des tortures infamantes ; c'est vingt mille *patronés*, existans aujourd'hui dans les Antilles françaises, c'est vingt mille justiciables qu'il faut enlever à cette terrible loi des esclaves, où le supplice capital n'est qu'un maximum aux autres peines. « *Voulons qu'ils soient punis sévèrement, même de mort, s'il y échet.* »

OEuvre admirable de cette providence qui dissout incessamment toutes les servitudes, le temps a fait des hommes libres, en dépit des lois humaines. Toute une classe de libres nouveaux a surgi du sol des colonies. Aveugle qui ne la voit pas!

Ils sont *libres de fait*, et à ceux qui nient leur liberté, ils pourraient répondre comme Diogène au sophiste qui niait le mouvement : le cynique se mit simplement à marcher. Ils sont libres par la volonté du maître qui s'est désisté de ses droits sur leur personne, mais non libres par le consentement de l'autorité, qui prétend avoir un

consentement à donner dans leur manumission. Voilà
ce qu'on appelle des *patronés* aux Antilles françaises.

Louisy appartenait à cette classe. Interrogé sur sa qualité par le président des assises : *Nègre patroné*, répon-
dit-il ; ainsi qu'à Rome on s'écriait : *Civis sum romanus*,
pour réclamer l'inviolabilité de l'homme libre. A l'audience
M. le président lui-même, remarquant la cocarde de
Louisy, lui dit : *Je vois que vous êtes un patroné*. Cet
incident, signalé par nous lors de l'interlocutoire, n'a pas
été contesté depuis. Enfin, M. Dessalles, qui transmet à
la cour ses observations sur l'état des patronés, reconnaît
ainsi implicitement cette qualité dans le demandeur en
cassation.

Les faits du procès sont présens au souvenir de la cour ;
dans la soirée du 30 novembre 1830, un jeune blanc âgé
de quinze ans, le sieur Jules Joyau, fut frappé par l'esclave *Michel*, alors accompagné de *Léo*, esclave aussi, et
de *Louisy*. Tous trois ont été condamnés, les deux der-
niers comme complices pour s'être ainsi trouvés en compagnie de Michel, « à recevoir, sur la place publique des
« exécutions, et par la main du bourreau, vingt-neuf
« coups de fouet ; à rester pendant une heure exposés
« au carcan ; à rester pendant deux ans attachés à la
« chaîne de police de St-Pierre. »

Louisy, qui n'était pas esclave, frappé cependant avec
ses coaccusés de ces châtimens *serviles*, condamné aux
mêmes tortures, à la même infamie ; Louisy n'eût été puni que d'un simple emprisonnement correctionnel, si la
loi des libres lui eût été appliquée.

Voilà son grief : c'est un cri de liberté poussé vers cette
cour suprême des plages les plus lointaines où elle compte
des justiciables. Un cri de liberté ! Ne dites pas cependant,
monsieur Dessalles, ne dites pas, messieurs les délégués,
qui avez voulu aussi opiner au procès, ne dites pas que
nous faisons imprudemment appel aux passions ; que nous
réclamons la liberté avec tous ses priviléges pour des hommes qui, suivant vous, n'en seraient pas dignes. Il s'agit
bien, pour le malheureux Louisy, *des droits civils et politiques* auxquels vous l'accusez de prétendre ! Ouvrez les
yeux que vous fermez volontairement : il ne s'agit pour
cet infortuné que du droit de se soustraire à des supplices inhumains, inventés pour les esclaves, dans cette
pensée impie que les esclaves ne sont pas des hommes.

Voilà tout le procès, comme il doit se formuler pour la cour.

Dans la plupart des questions coloniales, discuter avec l'appui des principes éternels de justice, de morale, d'humanité, de raison même, c'est rendre en quelque sorte toute discussion impossible. N'oublions pas ces paroles de M. Dessalles, d'un colon : « S'il existe un pays dans l'univers où le système de Machiavel ait été mis en usage, c'est dans les colonies françaises de l'Amérique. » Il importe peu, en vérité, qu'avec nos lumières d'Europe nous ayons placé les lois criminelles ou pénales sous l'influence bienfaisante de cette règle : *restreignez toute disposition rigoureuse ; étendez toute disposition favorable ;* il importe peu que, dans la société humaine, la liberté soit le principe, et l'esclavage l'exception; en vain ces règles sont-elles de tous les temps et de tous les lieux. Aux colonies, c'est le monde intellectuel et moral renversé. Pour justifier l'esclavage comme principe colonial, on citera l'existence de la servitude chez presque tous les peuples connus, à Rome notamment ; mais on se gardera bien de rappeler ces nobles et généreuses maximes des lois romaines : « *Dans le doute, répondez en faveur de la li-* « *berté ; présumez toujours la liberté.* » C'est la règle inverse aux colonies : l'homme n'y est pas libre par la présomption de la loi ; il ne l'est qu'autant qu'il justifie de sa liberté par diplômes et par patentes émanés de l'autorité. En vain est-il *libre de fait ;* ce fait ne signifie rien ; c'est être esclave que de n'être pas libre par brevet du gouverneur. Voilà la thèse d'outre-mer ; il s'agit bien là des maximes immuables du droit des gens. Ce qu'il faut discuter avec le parquet de la Martinique, ce n'est pas des principes surannés que les colonies ont laissés à notre vieux monde; ce sont des règles locales, une législation spéciale, et qui s'est tracé des maximes à part.

Eh bien ! nous acceptons cette thèse. M. le procureur général Dessalles l'appuie sur des textes, les ordonnances de 1713 et 1736 ; les délégués l'appuient sur des considérations abstraites, ils parlent en publicistes : « La con- « cession de la liberté, » disent-ils, « est *un acte de sou-* « *veraineté, non de propriété ;* donc pour n'être pas « esclave, il faut représenter un titre de liberté délivré « par le gouverneur. »

Qu'est-ce que toute cette argumentation.

Les libres dits *irréguliers* sont porteurs du *désiste-*
ment de leur ancien maître : il leur faut encore un titre
émané de l'autorité? Nous aurions cru que l'autorité n'est
pour rien dans les rapports du maître et de l'esclave; que
l'esclavage, ce lien contraire à la nature, se rompt par la
volonté du maître; et que, s'il abandonne *sa chose*, s'il
se désiste de sa propriété, cette chose reprend aussitôt sa
première nature, et redevient un homme libre. Ces
principes sont ceux du droit romain, ceux du code noir
lui-même, qui avait ramené l'affranchissement aux termes du droit naturel. « Art. 59. *Les maîtres âgés de*
« *vingt ans pourront affranchir leurs esclaves, par tous*
« *actes entre vifs ou à cause de mort*, sans qu'ils soient
« tenus de rendre raison de l'affranchissement, ni qu'ils
« aient besoin d'avis de parens, encore qu'ils soient mi-
« neurs de vingt-cinq ans. — Art. 57. Déclarons leur
« affranchissement fait dans nos Iles, *leur tenir lieu de*
« *naissance dans nos Iles, et les esclaves affranchis n'a-*
« *voir besoin de nos lettres de naturalité pour jouir de*
« *l'avantage de nos sujets naturels*, etc. » Voilà des
considérations présentées par M. le procureur-général
en cette cour, lors de l'arrêt interlocutoire, et que la défense peut reproduire, en s'emparant des hautes pensées
de ce magistrat.

Mais aujourd'hui qu'on oppose au code noir certaines
ordonnances de 1713 et 1736, il faut aller plus loin; il
faut s'expliquer sur cette intervention prétendue nécessaire de l'autorité dans les affranchissemens.

Il est bien vrai que les ordonnances dont il s'agit paraissent déroger au code noir, mais comment? Elles im-
posent au maître qui veut affranchir son esclave l'obligation d'obtenir à cet effet, auprès de l'autorité, *une*
simple permission sans frais. Voilà ce qu'elles prescrivent
et ce qu'elles sanctionnent de nullité des affranchissemens, en cas d'inobservation. Si le parquet de la Martinique n'exigeait rien de plus, il pourrait peut-être nous
renvoyer aux ordonnances de 1713 et 1736, et s'en em-
parer contre l'affranchi qui ne justifie pas *que son maître*
avait obtenu permission préalable sans frais. Mais en
quoi consiste aujourd'hui la justification qu'on exige ?
C'est *un titre d'affranchissement concédé directement*
par l'autorité; une patente de liberté chèrement payée!
C'est-à-dire que le gouvernement s'est fait affranchisseur

aux lieu et place du maître ; et que, pour la permission sans frais, il délivre *des patentes de liberté* taxées jusqu'à 2,000 fr. et plus ! Ce n'est qu'une ordonnance récente qui a supprimé cette concussion.

Il serait trop long de montrer comment ces usurpations ont été consommées par une succession d'actes locaux, monumens d'arbitraire vraiment machiavélique.

L'un prescrit la représentation des *titres de liberté*, et déclare que quiconque ne les représentera pas, sera réputé *jouir de la liberté à faux principe*. (Ordonnance du général et de l'intendant, 7 juillet 1720.)

L'autre veut qu'il soit justifié *de titres primordiaux d'affranchissement* (ordonnance du général et de l'intendant, 1ᵉʳ septembre 1761).

Un autre déclare les *libertés étrangères*, qui sont valables suivant la règle *locus regit actum*, des *libertés purement idéale*s (ordonnance du général et de l'intendant, 5 février 1768).

Jusque là, on n'exigeait que la représentation des titres, à certaines époques. C'était la liberté *mise en surveillance;* mais bientôt il fallut *les faire sanctionner par le capitaine-général et moyennant taxe* (arrêté du préfet colonial, 7 messidor an X et 24 ventôse an XI).

C'est ainsi qu'on est parvenu à dénaturer, à pervertir, non seulement le code noir, mais les ordonnances de 1713 et 1736. Tout cela, *titres de liberté, titres primordiaux d'affranchissement, patente de manumission moyennant finance*, tout cela, évidemment, n'est pas dans les édits de Louis XIV et de Louis XV. Ces édits ne sanctionnent plus apparemment, par la nullité des affranchissemens, des prescriptions qui ne sont plus les leurs, des obligations qu'ils n'ont pas imposées.

Mais il y a plus : ces édits n'existent plus aujourd'hui, et nous en sommes revenus au code noir, ce qu'il nous faut regarder comme un progrès. Voici le droit nouveau ; je le prends dans les actes du pouvoir nouveau.

L'un des premiers bienfaits de la dernière révolution envers les colonies, fut la suppression *des taxes d'affranchissement*. Cette suppression fut ordonnée par une ordonnance royale du 1ᵉʳ mars 1831, qui s'exprime ainsi dans son préambule :

« *L'intention du gouvernement étant de ne mettre* « *désormais, en ce qui le concerne, aucun obstacle à*

« ce que *les maîtres confèrent à leurs esclaves le don*
« *de la liberté,* il convient dans cette vue de lever au
« plus tôt l'empêchement qui peut résulter de la taxe dont
« il s'agit. »

Cette déclaration si formelle n'est-elle pas le désaveu le
plus franc et le plus loyal des usurpations des capitaines-
généraux et de leurs successeurs? Désormais le gouvernement renonce à son intervention dans les affranchissemens; il ne veut plus, *en ce qui le concerne, y apporter
aucun obstacle.* Ainsi plus d'entraves administratives; au
maître seul il appartient *de conférer à son esclave le
don de la liberté.*

C'est peu; avant l'ordonnance de 1831, une mesure
prise dans le même esprit fut intimée aux autorités coloniales. C'est *la dépêche de* 1828, qui défend de vendre,
à l'avenir, comme esclaves, *les porteurs de titres irréguliers.* Il en résultait déjà, par conséquence invincible,
l'abrogation la plus positive des ordonnances de 1713
et 1736, qui, pour sanction de leurs dispositions, pres-
crivaient de vendre à l'encan, au profit du fisc, les libres
irréguliers.

Voilà quelle est aujourd'hui la valeur des textes surannés qu'on nous oppose. Désormais, comme sous le code
noir, le maître doit exercer en pleine indépendance de
l'autorité administrative le droit de manumission; et, sans
doute, telle est bien aussi la pensée de la dernière ordonnance royale sur les affranchissemens, celle du 12 juillet 1832, puisqu'elle n'impose d'autre condition pour la
liberté légale des libres de fait, que l'obligation de purger
les droits de propriété qui pourraient exister sur leur
personne.

Ainsi donc le patroné est libre, par cela seul qu'il n'a
pas de maître. Le fisc, auparavant, était peut-être le
maître présumé de cet esclave qu'il eût fait vendre comme
épave; mais nul aujourd'hui ne peut attenter à sa personne. Eh bien! il n'en faut pas plus, et c'est notre ré-
sumé sur tout ce qui précède, il n'en faut pas plus pour
justifier le pourvoi de Louisy. Vous le dites esclave! mais
il n'a pas de maître. Conçoit-on la servitude sans puissance
dominicale? A Rome, on était l'*esclave du supplice* plutôt que de la personne, *servus pœnæ.* D'autre part, pourquoi voulez-vous flétrir, par l'application de peines *serviles,* cet homme qui n'appartient plus qu'à lui-même?

L'atrocité du supplice n'est apparemment que dans l'intérêt des maîtres ; ce n'est pas un vain luxe d'inhumanité. Possesseurs d'esclaves, lorsque toutes les rigueurs du code noir vous restent contre ceux qui peuplent vos habitations, et que vous avez au nombre de vos biens-meubles, pourquoi voudriez-vous frapper aussi des mêmes supplices ceux qui ne sont plus en votre puissance, et qui se sont réfugiés dans leur liberté naturelle ?

Toutes ces déductions sont évidentes, et pourtant on les nie : La dépêche de 1828, dit M. Dessalles, n'a pas force de loi. Etrange argument ! Faut-il une loi pour abroger les arrêtés des proconsuls coloniaux ? On ajoute qu'elle ne donne pas les droits civils aux libres de fait. Déjà nous avons signalé cette tactique ; demandons-nous à la cour des droits civils ou politiques ? La dépêche défend de vendre tout homme en possession de la liberté ; il n'en faut pas plus : donc cet homme *n'est plus dans le commerce* ; il n'est plus *une chose* ; il n'est plus esclave enfin. Sa liberté matérielle est désormais un fait non contredit par la loi.

Messieurs, dans cet état nouveau du droit, dire que les patronés *ne sont pas esclaves,* c'est trop peu. Ce serait assez pour Louisy ; car s'il n'est pas esclave, on ne peut, par cela seul, lui faire application d'un supplice d'esclave. Mais c'est une thèse de liberté positive qui surgit évidente et du droit et des faits.

Le droit, on vient de le voir.

Les faits, les voici ; voici les actes de l'administration coloniale ; en un mot, l'*état matériel* des patronés, selon l'expression de MM. les délégués.

Ce qui frappe d'abord dans ces hommes qu'on voudrait considérer comme esclaves, c'est qu'on les appelle libres ; *libres de fait, libres de savane, libres irréguliers.* Le nom exprime ordinairement la chose. De même, on les appelle *sieur* et *monsieur.* Louisy, dans les actes de la procédure, est nommé le *sieur* Louisy ; ses coaccusés ne sont jamais appelés que le *nommé* Leo, le *nommé* Michel. Ces qualifications distinctes ont naturellement la plus grande importance dans un pays de castes, de distinctions, d'inégalités de tout genre.

La même importance s'attache, dans les colonies, aux honneurs funèbres. Ils sont accordés aux patronés ; on sonne pour eux le glas des morts ; et c'est encore un privilége des libres, alors même que la mort a mis sous le même niveau libres et esclaves. Enfin, il est dressé des actes de leur décès, et ces actes sont portés sur les registres de l'état civil, tenus pour tous les libres indistinctement. L'esclave, au contraire, n'est pas compté au nombre des hommes ; il n'a point passé dans la vie civile, son décès n'est pas constaté. Nous produisons devant la cour les extraits mortuaires de deux libres de fait.

Ces actes appartiennent à *deux enrôlés dans la milice*. Les patronés y sont admis en effet ; ils y ont rendu les plus grands services, notamment lorsque, sous le commandement du général Rochambeau, ils repoussèrent la ligue des Anglais et des colons, et conservèrent la Martinique à la mère-patrie. Louisy sert en qualité de tambour dans la milice de Saint-Pierre, où l'on compte jusqu'à sept cents patronés. Quoi ! tous ces hommes portent l'uniforme français, et ils seraient esclaves ! Ils sont soldats, et ils n'auraient pas de patrie ! Non, de tous temps, et chez toutes les nations, le service militaire est l'apanage de l'homme *libre*. Ce fut même autrefois, dans notre France, le privilége exclusif de l'homme *noble*.

Dans l'ordre civil, l'administration coloniale compte également les patronés au nombre des *personnes civiles* dont se compose toute société. C'est ainsi qu'ils sont admis à ester en jugement sur un permis du procureur-général, et que par décision expresse du gouvernement, il leur est délivré des feuilles de dénombrement, comme chefs de famille. Nous produisons plusieurs de ces feuilles et un *permis d'ester*, pièces appartenant à Elisabeth Betzy, *porteur d'un titre de liberté, délivré à Saint-Barthélemy, et non ratifié dans les possessions françaises*, par conséquent *libre de fait* ou *patronée*. Par ces pièces, on voit que Betzy *possède un esclave*, porté par elle sur son dénombrement ; et Betzy, *femme patronée*, serait esclave elle-même ! Un esclave en posséderait un autre ! ce serait l'absurdité.

Propriétaires, industriels, les patronés sont soumis à toutes les charges de la propriété et de l'industrie, à cet autre privilége de l'homme libre et du citoyen, de payer les taxes, capitations, patentes, impôts de tout genre. Les pièces de Betzy en font foi. Or, je le demande aux financiers des colonies, si ces hommes n'étaient que des esclaves, des choses, des biens-meubles, *matière imposable* enfin, ne seraient-ils pas seulement l'*assiette de l'impôt*, au lieu d'en être *les débiteurs ?*

Terminons par un dernier *fait administratif*, par un trait de fiscalité tout concluant, et d'ailleurs assez curieux (1).

Félix Félicien, *patroné*, avait eu une discussion avec un blanc; celui-ci s'étant plaint au procureur du roi, Félicien fut emprisonné, puis *fouetté*, sans jugement; A quoi bon cette formalité? Le fouet! On traitait le malheureux Félicien en *esclave*. Mais bientôt sa qualité de *patroné* fut reconnue, et ce fut précisément lorsqu'il fallut payer les frais de geôle. De ce jour, Félicien devint homme libre d'esclave qu'il était auparavant; et, en conséquence, le mémoire suivant lui fut présenté :

Compte de frais de geôle du nommé Félicien, lequel est entré le 23 août après midi.

Entrée et sortie, ou gîte et geôle.	1 f.	70 c.
Prise, d'après la taxe. . . ·	5	» »
Correction (vingt-neuf coups de fouet à nu). . .	1	35
Une journée de nourriture *comme libre*.	1	25
Cinq journées de nourriture *comme esclave*, à 85 centimes.	4	25

Total. . . . . 13 f. 55 c.

Pour acquit, *Signé* MONIER.

Messieurs, ce fait *pratique* n'est pas seulement odieux, il est tout décisif, comme attestation de l'*état matériel* des patronés. Il vient, avec tous ceux que nous avons recueillis, définir *leur position administrative*, suivant l'expression si habile de M. Dessalles, mais dans un sens tout opposé au sien. Leur *position administrative*, c'est d'être traités en hommes libres *par l'administration coloniale*; c'est d'être appelés, *par elle*, à jouir des qualifications et des prérogatives qui sont l'apanage des libres; c'est d'être admis, *par elle*, dans la milice; comptés, *par les magistrats*, au nombre de leurs justiciables; comptés enfin au nombre des propriétaires, des industriels, des imposables.

Concluons.

Dans une question *d'état*, entre l'esclavage et la liberté,

(1) Ce fait a été publié en France par l'un des mandataires des hommes de couleur, M. Fabien. C'est à l'une des victimes du machiavélisme colonial qu'il appartenait de recueillir un pareil fait. (Brochure intitulée : *Patronés, ou Libres de Savane; réclamations en leur faveur*, 1831.)

tous ces faits justifiés devant la cour suprême, tous ces actes administratifs, c'est pour les patronés la *possession d'état* fondée précisément sur toutes ses circonstances constitutives, *nomen, tractatus, fama.* Or, *dans le droit des personnes*, cette possession d'état supplée le titre pour ceux qui ne l'ont plus, ou ceux qui ne l'ont jamais eu. Ne venez donc pas dire aux patronés qu'il sont esclaves, parce qu'ils n'ont pas une patente concédée par vous. En droit, nous avons démontré d'abord que le désistement du maître suffit aujourd'hui pour la manumission pleine et entière. En fait, comment, après tant de reconnaissances officielles de leur état d'hommes libres, soutiendriez-vous qu'ils soient de condition servile? En présence de vos faits, vos raisonnemens ne sont qu'un jeu de l'esprit, une dérision, ou un déplorable mépris de l'humanité.

Non, ces hommes patronés ne sont pas esclaves; cela est plus clair que le jour ! A tous les sophismes coloniaux si je n'avais pu répondre, comme Galilée, que la prison n'avait pas convaincu, je dirais encore : « *Et pourtant, ils ne sont pas esclaves !* »

Mais je dis plus enfin, car il faut dépasser franchement cette thèse négative : *Les patronés sont libres.* C'est du nom d'hommes libres qu'il faut les saluer enfin dans ce sanctuaire des lois et de la vérité. Que si vous refusez, monsieur Dessalles, de les *classer* ainsi, c'est que vous supposez la liberté dans son plus grand développement, *jouissant des droits civils et politiques.* Mais la liberté, aux colonies surtout, a plusieurs degrés, plusieurs échelles. Les *hommes de couleur*, avant leur émancipation récente, n'étaient pas libres au même degré que les blancs, car ceux-ci avaient le monopole de tous les droits civils, civiques et politiques; et cependant, a-t-on jamais prétendu que les hommes de couleur libres fussent esclaves. De même une classe nouvelle, les *patronés*, s'est produite au milieu de la société coloniale; c'est encore une classe de *libres;* c'est encore une position intermédiaire entre l'esclavage et la liberté, pris dans un sens absolu. A cette classe de création nouvelle et postérieure aux vieux édits qui, peut-être, ne reconnaissaient dans un sens rigoureux que des libres et des esclaves, comment faire application, sous ce point de vue, d'une législation surannée, évidemment sans prévision pour les positions nouvelles que devaient amener les progrès infaillibles de la liberté?

Libres , enfin , élancés du néant à l'être, *hommes* et *personnes civiles,* les patronés n'appartiennent plus à l'infâme supplice du fouet. Pour les soumettre à ces tortures dégradantes , il faudrait qu'ils eussent encore la qualité qu'ils n'ont plus, ou plutôt qu'ils fussent encore dans cette condition misérable qui est l'absence, non la négation impie de toute qualité dans nos semblables. Mais le patroné n'est plus dans cet état de misère et de servitude ; il s'appartient enfin à lui-même ; il n'a plus de maître. Ce n'est plus un *épave*, que le fisc puisse faire vendre à l'encan ; en lui , la liberté, la dignité de l'homme sont inviolables. Arrière toutes vos déplorables profusions de supplices et d'infamies ! Arrière le fouet du bourreau !

Voilà , Messieurs, la conclusion du pourvoi de Louisy ; voilà ce que les cours d'assises de nos Antilles paraissent elles-mêmes avoir enfin compris ; car cette consolante nouvelle nous est arrivée, que, depuis ce procès, les patronés ne sont plus confondus avec les esclaves sous le rapport pénal. Pas immense que la civilisation et *la philantropie,* vertu honnie sous les tropiques, auront fait dans les colonies françaises ! Imposer à l'homme libre les tortures et les stigmates de la servilité , c'était, parmi tant d'abus anciens et nouveaux du régime colonial, l'abus le plus monstrueux , peut-être. Louisy, votre pourvoi aura fait entendre enfin la voix de cette justice éternelle, supérieure aux passions des hommes, et qui les surmonte tôt ou tard. Infortuné qui , depuis deux années, embrassez l'autel de ce temple auguste des lois, vous ne regretterez pas votre longue captivité ; elle aura payé une conquête inappréciable pour les amis de l'humanité !

Et pour vous, Messieurs , casser un mauvais arrêt, ce sera, aujourd'hui, briser les liens de servitude qu'on prétend imposer à vingt mille de nos compatriotes ; ce sera une belle page dans les annales de cette cour suprême !

RÉQUISITOIRE DE M. DUPIN,

PROCUREUR-GÉNÉRAL A LA COUR DE CASSATION,

DANS L'AFFAIRE DU SIEUR LOUISY,

PATRONÉ DE LA MARTINIQUE,

Prononcé devant la section criminelle de la Cour,

le 9 mars 1832.

Sub lege libertas.

« Messieurs ,

« La question qui vous est soumise est digne de toute votre attention par son importance et par sa nouveauté : elle intéresse toute la classe des *patronés ;* et leur nombre est d'environ dix mille pour la Martinique , et sept mille pour la Guadeloupe.

« Pour la première fois, un d'eux élève la voix vers vous! Louisy, patroné, s'est pourvu en cassation : il se plaint de ce que, sans égard à son état d'affranchi, on lui a fait application des peines prononcées contre les esclaves; il en appelle à la cour suprême , protectrice de tous les droits, vengeresse de la violation des lois.

« La question apparaissant devant la cour pour la première fois, elle a cru nécessaire de rendre un arrêt interlocutoire pour obtenir des renseignemens sur l'état des patronés.

« Les renseignemens ont été peu étendus ; quelques-uns portent l'empreinte du préjugé colonial. En général, j'aurais désiré moins d'argumentation et plus de faits. Mais je ne me suis pas borné à cet ordre de documens; j'ai dû rechercher des lumières dans tous les écrits et dans tous les actes qui pouvaient éclairer la question; et je crois être en mesure de démontrer à la cour que si les patronés ne peuvent pas réclamer tous les droits des hommes libres, il est certain, du moins, qu'ils ne sont plus esclaves, et que particulièrement, sous le rapport pénal, il n'y a ni raison ni prétexte pour leur appliquer la pénalité extraordinaire établie seulement pour les

crimes commis par les hommes constitués en état d'esclavage.

« Je me bornerai à l'examen de ce moyen, c'est le seul
en effet; car, s'il est bien fondé, il suffira pour opérer la
cassation : et s'il ne l'était pas, comme le pourvoi serait
non recevable à défaut de qualité, il n'y aurait pas lieu
d'examiner les autres moyens.

Caractères généraux de l'état des patronés.

« D'après le code noir (édit de 1685), art. 9, 55 et 56, la volonté
seule du maître intervenait dans l'affranchissement, et par l'acte cons-
tatant cette volonté, l'esclave se trouvait immédiatement affranchi.

« Cette loi est conforme aux vrais principes ; car l'esclavage n'étant
autre chose que le droit de propriété du maître sur l'esclave, le maître
venant à renoncer à cette propriété, l'esclave redevient libre, par cela
seul qu'il n'a plus de maître.

« L'arrêt du conseil d'état du roi, en date du 24 octobre 1713, dont
la disposition fut renouvelée par ordonnance du roi du 15 juin 1736,
exigea, outre la volonté des maîtres, la permission par écrit des gouverneur et intendant, déclarant « que les affranchissemens faits sans
« permission seraient nuls, que les affranchis n'en pourraient jouir, et
« qu'ils seraient vendus au profit du roi. »

« Les motifs assignés par ces ordonnances pour déroger ainsi à la loi
de 1685 sont pris de la crainte des vols que pourraient commettre les
esclaves, pour se procurer le moyen d'acheter leur liberté. Ce sont
donc au fond des règlemens de *police*, et cependant on ne tarda pas
à exploiter ces dispositions comme matière fiscale, et à établir une taxe
sur les permissions que les maîtres devaient obtenir.

« Toutefois, malgré l'ordonnance de 1736, les maîtres continuèrent
à affranchir très-fréquemment leurs esclaves, sans demander aucune
permission. Ces affranchissemens, tout-à-fait dans les mœurs des colonies et de la nature, se faisaient, soit par actes entre vifs, soit par
dispositions testamentaires, *« et il serait difficile de signaler l'infidé-*
« lité d'un seul légataire, ne fût-il lié que par un simple fidéi-
« commis. » C'est ce que reconnaissent les délégués de la Martinique
eux-mêmes, dans les explications qu'ils ont fournies sur la question.

« Ces hommes libérés de toute puissance dominicale, et auxquels
cependant l'ordonnance de 1736 ne reconnaissait pas la qualité de
libres, parce que le gouvernement n'avait point concouru à leur affranchissement, auraient dû, aux termes de cette ordonnance, être
vendus au profit de l'Etat; mais les mœurs ne permirent pas la réalité
de ces ventes ; car, disent encore les délégués de la Martinique eux-
mêmes, « pour vendre, il faut trouver des acheteurs ; et certes, un
« patroné qui n'eût pu être amené à cette extrémité parce que sa
« conduite appelait la sévérité de l'autorité, n'aurait trouvé sur sa per-
« sonne ni enchérisseur, ni acheteur. »

« Les hommes ainsi affranchis n'étaient plus esclaves dans leurs rapports avec un maître quelconque, car ils n'en avaient plus ; et tous les
droits de propriété et de domination sur leur personne étaient complètement éteints : cependant ils n'étaient pas encore libres dans leurs rapports avec le gouvernement. En attendant la permission, qui pouvait
être donnée à une époque quelconque, ils étaient donc dans une position mixte, formant une classe à part, qui se nomme : *libres de fait,*

libres de savane, ou spécialement *patronés*, dans le cas où ils restent, ainsi que le nombre d'affranchis complètement, sous la protection et le patronage de leur ancien maître, ou de tout autre colon.

« Cette position mixte, créée par la nature des choses, et par l'u-
sage général, se consolida chaque jour; et le gouvernement lui-même
la consacra.

« Ainsi, les patrons auraient-ils voulu, invoquant la lettre de la loi,
prétendre que l'affranchissement était nul, et réclamer comme leur appartenant les individus placés sous leur patronage. « En pareil cas,
« disent encore les délégués de la Martinique eux-mêmes, LA JURISPRU-
« DENCE *est venue suppléer* aux imperfections de l'institution. Menacé
« dans sa liberté de fait, le patroné ne manquerait pas d'aller se pla-
« cer sous l'égide du procureur du roi. Ce magistrat, se conformant à
« une *jurisprudence consacrée par le temps et les mœurs*, ferait nom-
« mer un curateur qui prendrait fait et cause pour l'individu inca-
« pable ; et il interviendrait un jugement qui débouterait le patron de
« ses prétentions, et autoriserait le curateur à s'adresser au gouverne-
« ment pour obtenir l'acte d'affranchissement. »

« Ainsi, bien que l'ordonnance de 1736 déclarât l'affranchissement
nul, sa validité, dans les rapports de l'affranchi avec l'ancien maître,
a été maintenue par *une jurisprudence* consacrée par le temps et les
mœurs.

« Le temps et les mœurs ont aussi consacré une position particulière,
et bien différente de celle des esclaves, en faveur des patronés dans
leurs rapports avec le gouvernement, position que les actes administratifs ont sanctionnée. Ainsi :

« 1° Les chefs de famille patronés sont, comme les chefs de famille
libres, compris dans le dénombrement; et il leur est délivré des feuilles
de dénombrement sur lesquelles ils doivent déclarer les personnes com-
posant leur famille. Cette déclaration est ainsi conçue : « Déclare que
« ma famille, *mes domestiques* et habitation, sont composés *des têtes*
« ci-après dénommées et ainsi qu'il suit. »

(Il y a plusieurs de ces feuilles de dénombrement au dossier.)

« 2° Les patronés sont désignés, sur quelques-unes de ces feuilles,
sous le titre de *libres de savane*, ou *gens de couleur porteurs de
titres de liberté irréguliers*.

« 3° On voit, par ces dénombremens, qu'ils peuvent avoir *des esclaves*.

« 4° Ils paient l'*impôt ;* c'est ce qui résulte d'une quittance de 90 f.
délivrée par le trésorier-général à la nommée Suzanne, dite *Suzette*,
patronée, porteuse d'un titre de liberté non ratifié à la Martinique ; et
encore de quatre quittances pour les années 1824, 1828, 1829 et 1832,
délivrées à la nommée Betzy Elizabeth, aussi patronée.

« 5° Ils paient également *patente*, et peuvent par conséquent être
chefs d'établissement, ainsi qu'il résulte de deux quittances jointes au
dossier, données à la demoiselle Betzy Flavigny. L'assertion contraire
des délégués de la Martinique est donc une erreur.

« Ils peuvent *ester en jugement* pour leur intérêts civils avec la
permission du procureur-général. Il existe au dossier une requête à cette
fin, de la nommée Betzy Elizabeth, répondue par le procureur-général,
le 10 juillet 1830.

« 7° Ils peuvent résider hors du *domicile* de leur patron et louer
leurs services à qui bon leur semble. Ce point est établi par les renseignemens émanés des délégués de la Martinique. Il résulte, *à fortiori*,
de ce qu'ils peuvent être chefs d'établissement, et avoir une famille et
une habitation à eux, comprise à part dans le dénombrement.

« 8° Ils sont admis dans la *milice*. Le procureur-général de la Martinique reconnaît ce fait, mais en ajoutant que ce droit est pareillement accordé aux esclaves, supposition qu'il est impossible d'admettre, quand on se reporte au règlement du 1er mars 1815, qui organise les milices, et dont l'art. 11 défend aux officiers, sous les peines les plus sévères, d'y admettre des esclaves : « Conformément *aux ordon-* « *nances précédentes*, nul homme de couleur ne sera admis dans les « milices, *s'il ne prouve* qu'il jouit de sa liberté constatée dans les « formes voulues par les lois de la colonie. Tout officier, de quelque « grade qu'il soit, qui se permettra à l'avenir d'admettre, de sa propre « autorité, dans les compagnies, un individu qui n'aurait pas justifié « de sa liberté d'après les lois de la colonie, sera condamné à une « amende de 1,000 fr. ppur la première fois, et pour la seconde fois « destitué de son emploi et mis à la queue du bataillon, et l'individu « qui aura été enrôlé clandestinement, en infraction des lois, sera ex- « pulsé de la colonie. » (Voyez au dossier l'arrêté du comte de Vau- giraud.) Et cette peine même *d'expulsion* de la colonie prouve que l'individu qui a été une fois reçu dans la milice devient libre; car, au- trement la loi dirait qu'*on le renverra à son maître*, et non pas qu'il sera *expulsé de la colonie*.

« 9° On dresse les actes de leurs décès sur le registre destiné aux libres. Il y a deux actes de décès de ce genre au dossier, relatifs aux nommés *Pierre* et *François*, enrôlés, y est-il dit, pour obtenir leur affranchissement.

« 10° Enfin, on leur rend les *honneurs funèbres*. Les cloches de leur paroisse sonnent le glas de la mort à leur enterrement.

« Cet usage, auquel on attache une grande importance dans les co- lonies, comme tenant à la distinction des castes, distinction gardée avec tant de jalousie, remonte à 1808, époque où le gouverneur, orga- nisant des moyens de défense contre les Anglais, enrôla dans les mi- lices beaucoup de patronés.

« M. Dessalles convient de ce fait ; mais il prétend que c'est une pure tolérance de l'autorité, et qu'on ne peut rien en conclure en faveur des patronés. (Lettre du 10 septembre.)

« Il résulte de l'ensemble de ces faits, de ces détails de mœurs, de jurisprudence, et de dispositions admi- nistratives, que les patronés ne sont plus des esclaves, ni dans leurs rapports avec un maître, ni dans leurs rap- ports avec le gouvernement; et qu'ils forment une classe *intermédiaire*, jouissant d'une position et de droits tout particuliers.

« Objecter que, d'après l'ordonnance de 1736, il n'y a que deux classes dans les colonies, les libres et les esclaves, c'est méconnaître l'état réel des choses ; c'est vouloir se soustraire à l'empire d'une puissance législative qui s'exerce rarement, mais qui est la plus puissante, l'u- sage général, connu de tous, pratiqué par tous, iden- tifié avec les mœurs publiques, avec l'état social, reconnu et suivi par le gouvernement, sanctionné par les disposi- tions administratives, permanent et existant sans inter- ruption depuis la loi qu'on objecte, c'est-à-dire depuis près de cent ans : n'est-ce point le cas de la règle *consue-tudo facit jus ?*

« Cet usage est tellement enraciné , et fait tellement partie constituante de l'état colonial , que la classe des patronés ne s'élève pas à moins de neuf à dix mille hommes pour la Martinique , et de six à sept mille hommes pour la Guadeloupe , au dire des délégués de la Martinique.

« Ajoutons , pour compléter l'historique de ces dispositions , qu'une dépêche ministérielle de 1828 a proscrit textuellement la vente des patronés par le gouvernement ; vente qui , depuis long-temps , du reste , n'existait plus , et dont les mœurs n'avaient plus permis la réalité, ainsi que le disent les délégués de la Martinique.

« Enfin , l'ordonnance du 3 mars 1831 , provoquée par M. de Rigny , a défendu de percevoir aucune taxe sur les patentes d'affranchissement , ce qui les réduit à une simple forme dont l'observation ne sera plus entravée.

« N'est-il pas évident que si les patronés ne sont pas complètement libres en ce sens qu'ils ne jouissent pas de la plénitude des droits civils et politiques , certainement ils ne sont plus esclaves ; ils jouissent d'une liberté qui , pour être accompagnée de moins de priviléges , n'en est pas moins *la liberté.*

« Quand on se reporte aux premiers temps de la législation romaine , on voit à des époques bien éloignées , et chez des races d'hommes bien différentes , les mêmes causes produire les mêmes résultats ; et ce rapprochement ne sera pas sans utilité pour la cause.

« A Rome , l'affranchissement ne détruisait pas seulement les droits de propriété du maître , il rendait l'esclave citoyen ; il fallait donc l'intervention du maître et celui de la cité , qui se donnait dans les modes solennels d'affranchissement. Tout autre mode , dans le droit primitif de Rome , était nul. Cependant , en fait et dans l'usage , souvent les maîtres affranchissaient leurs esclaves par des actes privés , en les faisant asseoir à leur table , en déclarant devant des amis leur intention : *per convivimus et inter amicos.* Ces esclaves , alors , sans être entièrement libres , vivaient en liberté (*in libertate morabantur*). Les mœurs consacrèrent cette espèce de liberté ; et lorsque les maîtres , invoquant la rigueur du droit et la nullité de l'affranchissement dans lequel la société n'avait pas donné son consentement, voulaient les reprendre , le préteur s'y opposait : (*sed interveniebat prœtor , et non permittebat manumissum servire*). Ce fut ainsi que les mœurs et la jurisprudence prétorienne consacrèrent cette classe particulière d'affranchis ; et long-temps après , l'an de Rome 772, sous le règne de Tibère , elle fut organisée législativement par la loi *Junia norbana ,* et les personnes qui se trouvaient dans cette catégorie prirent le nom de *latini juniani.* Libres complètement par rapport au maître qui les avait affranchis , ils l'étaient aussi par rapport à l'Etat, en ce sens qu'ils n'y étaient plus comptés comme esclaves ; mais ils n'y étaient pas non plus comptés comme *citoyens ,* parce que l'État n'était pas intervenu dans leur affranchissement; et ils n'avaient que les droits des *Latins ,* c'est-à-dire des peuples du *Latium,* non admis à jouir de la plénitude des droits de cité romaine.

« Les mœurs, en diminuant le prix qu'on avait attaché sous la république au titre de citoyen , firent tomber en désuétude la distinction entre les affranchis *citoyens,* dans l'affranchissement desquels l'État était intervenu, et les affranchis *latins* qui n'avaient été affranchis que par des actes privés. Cette distinction fut définitivement et législativement supprimée sous Justinien.

« Le code noir de 1685 en était au même point que la législation de Justinien ; la volonté du maitre, exprimée dans des actes, opérait seule un affranchissement complet. L'arrêt du conseil de 1713 et l'édit de 1736 reculèrent jusqu'aux premiers temps de l'enfance du droit romain : l'affranchissement fut déclaré complètement nul si le gouvernement n'y avait pas consenti. Mais les mœurs, la jurisprudence coloniale et les dispositions administratives , ont ramené l'état des choses au point où elles étaient chez les Romains après la loi *Junia norbana.* Les patronés sont des espèces d'affranchis latins Juniens. Ils sont complètement libres par rapport au maître ; ils ne sont pas encore citoyens de la colonie, parce que le gouvernement n'a pas concouru à leur affranchissement ; mais ils sont bien loin d'y être esclaves, et ils y jouissent d'une position particulière et de droits qui ne peuvent être donnés qu'à des hommes libres.

« Cette position intermédiaire n'existait pas sous l'édit de 1685 , puisque sous cet édit tout affranchi était libre.

On était donc alors, ou tout-à-fait libre, ou tout-à-fait esclave.

« Il en faut dire autant sous le régime des ordonnances de 1713 et 1736, si elles avaient été littéralement exécutées ; car alors il n'y avait de valable que les affranchissemens autorisés par le gouvernement, et tout autre affranchissement était nul.

« Mais l'état mixte des patronés s'est formé de ce que ces ordonnances n'ont pas été exécutées à la rigueur, et que, cependant, on n'est pas revenu non plus à l'exécution franche et complète de l'édit de 1685.

« Ces hommes, qui n'étaient plus esclaves, car leur maître les avait affranchis, qui n'étaient pas non plus complètement libres, tant qu'ils n'avaient pas obtenu leur patente d'affranchissement signée du gouverneur ; ces hommes, dis-je, ont dès lors constitué une classe *intermédiaire*, qui s'élève aujourd'hui à près de 20,000 ; classe dont aucune législation spéciale n'a encore défini et réglé la situation, dont les droits sont imparfaits, mais dont l'existence comme fait, et comme fait important, ne peut être méconnue.

« C'est donc à tort, et en méconnaissant tout-à-fait cet état des choses, que, dans les documens qui vous ont été transmis, on prétend qu'il ne faut reconnaître absolument que deux classes d'hommes aux colonies, les *libres* et les *esclaves* : j'ai prouvé qu'il y avait aussi les *patronés*.

« Tel étant l'état des patronés, s'ils commettent des délits, peut-on leur appliquer les peines instituées pour les esclaves ? C'est avec la plus entière conviction que nous disons que ces peines ne sauraient leur être appliquées.

« Ces peines, extraordinaires par leur sévérité, sont des peines exceptionnelles au droit commun. Elles doivent donc être appliquées exclusivement à ceux qui ont la qualité précise pour laquelle ces peines ont été établies.

« Quand il est question d'appliquer ces peines à un individu, on n'a pas à examiner si cet homme est complètement libre, s'il jouit au plus haut degré des droits de citoyen ; mais on doit se demander uniquement *s'il est esclave*.

« S'il ne l'est pas, s'il n'a plus de maître, s'il n'est vis-à-vis de personne constitué dans l'état d'esclavage, on ne peut le soumettre aux supplices et aux tortures réservés aux esclaves ; il rentre dans le droit commun, par cela seul qu'il n'est pas littéralement dans l'exception.

« Cette conséquence n'est pas seulement conforme aux principes généraux du droit ; elle est conforme surtout à l'esprit qui a fait établir la législation exceptionnelle contre les esclaves.

« Le motif du législateur a été la protection plus efficace des maîtres, ou contre des vols qui, de la part des esclaves, ont toujours le caractère de vol domestique, ou contre des voies de fait, ce qui a un caractère de révolte, d'abord individuel, mais qui, par l'exemple, peut amener une insurrection. L'esclave, en effet, nourrit incessamment dans son cœur le désir de secouer le joug ; cet instinct naturel le porte à regimber. *Notre ennemi, c'est notre maître,* se disent les esclaves entre eux à chaque souffrance, à chaque mauvais traitement. Et surtout si l'on considère que le danger croît en raison de ce que le nombre des esclaves est infiniment supérieur à celui des maîtres, on sent aisément qu'il a fallu, pour assurer ceux-ci contre les périls qui les environnent au sein de leurs habitations, une répression plus forte et plus terrifiante. Là tout est en faveur du maître contre l'esclave : les co-esclaves de l'accusé ne peuvent être témoins contre le maître ; l'échelle des délits est plus étendue ; ailleurs, où il faudrait un acte accompli pour être criminel, ici une tentative, une menace, un simple geste suffit ; de simples manquemens sont des crimes de *lèse-blanc* (c'est la majesté du pays), et les peines de ces crimes sont souvent portées jusqu'à la cruauté.

« Mais telle n'est point la situation du patroné. Il n'a point d'animosité contre son ancien maître, loin de là, il ne conserve que des sentimens d'affection et de reconnaissance pour ce maître devenu son patron, et auquel il doit le bienfait de la liberté. Bien loin de l'attaquer, il le défendrait au besoin. (Ici la voix altérée de M. le procureur-général révèle un sentiment d'émotion qui réagit vivement sur l'auditoire.)

« D'ailleurs le patroné a cessé d'être soumis à ce régime et à ce traitement qui exaspèrent les esclaves, et les poussent à l'insubordination. Il n'est plus assujetti à des travaux forcés ; il n'est plus pressé à coups de fouet, comme le bœuf sous l'aiguillon ; il vit en liberté : il a un domicile à part, au sein des villes ; il est *chez lui :* s'il travaille, c'est *pour lui :* il peut exercer une profession, un commerce, une industrie, devenir propriétaire, et enfin ce qui est caractéristique de son état personnel de liberté, *il peut à son tour* (et il ne le devrait jamais !) *il peut posséder des esclaves !* On voit par là qu'il n'est plus l'homme contre lequel les lois étaient en garde, contre lequel elles ont institué les peines excessives dont se compose le code des esclaves.

« C'est donc faire une très-fausse application de ces lois, que de les appliquer aux patronés.

« C'est en même temps violer les lois qui constituent le droit commun des hommes libres : car les lois forment le droit de quiconque n'est pas esclave.

« En effet, les lois criminelles ont un caractère particulier. Elles ne sont pas comme les lois qui confèrent des droits civils et politiques : il n'y a que ceux à qui ces droits sont spécialement conférés qui puissent en invoquer le bénéfice. Les lois criminelles, au contraire, ne supposent pas la jouissance de ces droits. Ainsi, l'étranger, quoique non citoyen des colonies, a le droit d'invoquer le droit commun criminel, le droit général des hommes qui ne sont pas esclaves.

« Eh bien ! le patroné sera, si vous voulez, un étranger aux colonies, par rapport aux droits politiques et à certains droits civils : mais, sous le rapport du droit naturel et du droit social, il jouit de sa liberté naturelle, il s'appartient ; il n'a plus de maître ; il n'est plus une chose, il est devenu une personne : *Homo cum suo statu consideratus.* On ne peut donc pas le ramener de fait ni par fiction à un état qui n'est plus le sien, à l'état d'esclave ; sorti de l'exception, il a le droit d'être traité selon le droit commun.

« Il ne faut pas demander où est la loi qui applique le droit commun aux patronés ; mais bien s'il est une loi qui dise que les patronés seront traités comme esclaves, quoiqu'ils ne le soient pas ? Or, une telle loi n'existe pas.

« Voilà, Messieurs, les principes généraux établis ;

voyons à présent s'ils sont applicables à Louisy personnellement.

Faits particuliers à Louisy.

« A son égard, je reconnais que la qualité de *patroné* n'est pas établie par un titre formel, un acte textuel d'affranchissement ; mais elle ressort par induction et avec évidence de diverses pièces et circonstances que je vais analyser.

« 1° De son admission, depuis le 21 février 1831, dans le 2ᵉ bataillon des milices, compagnie du fort, après avoir servi dix-huit mois comme tambour dans cette compagnie. C'est ce qui est constaté par acte contenant requête à cette fin du commandant de ce bataillon, et autorisation du gouverneur, en date du 21 février 1832;

« 2° De la qualification de *sieur*, donnée à Louisy, dans la notification du mandat d'amener, qui ne se donne jamais aux esclaves (*Voyez* pièce n° 14.) Il est à remarquer que les coaccusés de Louisy, Léo et Michel, sont *esclaves* dans les procès-verbaux d'exécution du mandat d'amener. (*Voyez* les pièces 12 et 13.)

« 3° De la désignation de son domicile, indiqué *Grande-Rue du Fort*, dans la notification du mandat d'amener, et *place du Fort, chez une marchande de charbon*, dans le mandat d'amener (pièces 14 et 7). Or, les esclaves ont domicile chez leur maître, et n'en ont point à eux.

« 4° De l'exercice de la *profession* de ferblantier, selon sa déclaration dans son interrogatoire (pièce 17), qui est au surplus la seule pièce où cette profession soit mentionnée, et où il se qualifie lui-même, *nègre, esclave de la demoiselle Charlotte Ducasson;* non en ce sens qu'il soit actuellement son esclave, mais comme se rattachant à elle en qualité de *patroné*;

« 5° De la réception de son pourvoi. La faculté de se pourvoir est interdite aux esclaves. Dans un mémoire en faveur de Louisy présenté par Fabien, on cite une lettre de M. le procureur-général Nogues, sur la réception par le greffier du pourvoi de Louisy, lettre dans laquelle il nie que les *patronés* aient aucun des droits des libres, et semble par là même reconnaître cette qualité dans Louizy. (*Voyez* ce mémoire au bas de la page 2.)

« Le fait de l'admission de Louisy dans la milice est pour lui de la plus haute importance; car quoi qu'il en soit sur la question de savoir si les esclaves étaient ou non admissibles dans la milice, toujours est-il qu'une fois admis, ils cessent d'être esclaves. La commission de législation coloniale, dans son rapport au ministre, s'exprime ainsi (p. 9) sur les conséquences de cette admission :

« Une fois que le maître avait consenti à l'incorporation, il n'était « plus libre de retirer son esclave de la milice. C'était une espèce de « contrat qui devait profiter non seulement à l'esclave, mais encore à la « colonie, et que l'autorité du maître ne pouvait plus rompre. Le gou- « verneur seul pouvait chasser l'esclave dont la conduite n'était pas ré- « gulière ; mais si l'esclave accomplissait le temps de service voulu, le

« gouvernement l'affranchissait sans demander le consentement du maî-
« tre qui ne pouvait s'opposer à l'affranchissement, puisqu'il était répu-
« té avoir donné son consentement au moment où il avait fait in-
« corporer son esclave dans la milice. »

« Il existe au dossier deux arrêtés du gouvernement,
l'un en date du 20 mai 1831, qui se trouve dans le journal officiel de la Martinique, l'autre en date du 3 décembre 1831, relaté dans le *Moniteur* du 11 mars 1832. Ces
arrêtés ont pour objet d'accorder des affranchissemens à
un grand nombre *d'individus* qui s'en sont rendus dignes
par divers motifs, et surtout par leur *service dans les milices*. Il est à remarquer que ni l'un ni l'autre de ces arrêtés ne les qualifie *d'esclaves*.

« Ainsi l'esclave, incorporé dans la milice, cesse d'ap-
partenir à son maitre. Il n'est pas encore parfaitement
libre, mais en voie de le devenir; et, en attendant, nul
ne peut prétendre sur lui un droit de propriété : ni l'E-
tat, car la vente de ces affranchis est tombée en désuétude dans les mœurs, et est défendue par la dépêche
ministérielle de 1828; ni son ancien maitre, car la jurisprudence coloniale que nous avons rapportée l'en empêche.

« Le fait seul que Louisy est entré dans la milice, a donc
suffi pour lui donner la qualité d'affranchi patroné, en
supposant qu'il ne l'eût pas auparavant. Comprenez-vous,
en effet, qu'un homme soit admis à l'honneur de porter
l'uniforme français, la cocarde nationale; qu'il ait prêté
serment de fidélité à notre glorieux drapeau, et qu'en cet
état il puisse encore être livré au fouet du bourreau, et
attaché à la chaine de police; en un mot, traité *en esclave*.
— *Miles sum* : Je suis soldat français; ce cri ne vaut-il
pas le *civis sum* des Romains ?

« La milice met à l'abri de ces indignes traitemens
celui même qui serait révendiqué par un maitre! Mais
Louisy est plus heureux, aucun maitre ne le réclame ; et
cette circonstance est la plus forte preuve qu'en effet il n'est
plus esclave, car on peut ériger en adage, qu'il *n'y a pas
d'esclave sans maître*.

« Cette démonstration nous parait complète. Suppo-
sons cependant qu'il y ait doute : eh bien ! dans le doute,
on devrait encore décider en faveur de Louisy.

« Interrogeons les lois romaines, si sévères en matière
d'esclavage, mais toutefois si équitables dans les questions
d'affranchissement qui ne sont autre chose qu'un retour
à la liberté.

« Partout dans les lois romaines nous voyons les questions douteuses résolues en faveur de la liberté.

« S'agit-il de l'interprétation douteuse d'un testament ? le jurisconsulte Paul dit qu'il faut adopter l'interprétation la plus favorable à l'affranchissement : *In obscurâ voluntate manumittentis favendum est libertati.* (Loi 139, *ff. de regulis juris.*)

« S'agit-il de toute autre question douteuse sur la même matière ? Pomponius dit également qu'il faut toujours répondre dans le sens le plus favorable à la liberté. *Quotiens dubia interpretatio libertatis est, secundùm libertatem respondendum est.* (L. 20 du même titre.)

« Ces hommes, d'un caractère si grave, si sévère, ne craignent même pas de s'écarter de la rigueur trop littérale du droit pour arriver à des décisions plus humaines et plus libérales. *Nec ignotum*, dit Ulpien, *quod multa contrà juris rigorem pro libertate sint constituta.* (L. 24, §. 10. *ff. de fideicommissariâ libertate.*)

« Et pourquoi ? c'est parce que, comme le dit Gaïus, la liberté est ce qu'il y a au monde de plus favorable et de plus précieux. *Libertas omnibus rebus favorabilior est.* (L. 164, *de regulis juris.*)

« D'ailleurs, dans le doute encore, s'il y en avait, sur qui devrait tomber l'obligation de prouver ? certainement ce ne devrait pas être sur Louisy.

« Vainement lui objecterait-on qu'il ne représente pas un titre écrit, un acte formel d'affranchissement. Jamais la non représentation du titre n'a fait obstacle à celui qui avait pour lui la *possession d'état.*

« Telle est la force de cette possession qu'elle supplée au titre, et dispense celui en faveur de qui elle milite d'en produire aucun. C'est au contraire à ceux qui contestent l'état de celui qui est en possession de fait de la liberté à détruire, s'ils le peuvent, *le fait de cette possession.*

« Le principe est posé par Ulpien. *In libertate fuisse, sic est accipiendum, non ut se liberum doceat is quis liberale judicium patitur, sed in possessione libertatis sine dolo malo fuisse.* (L. 10, Digeste, *de liberali causâ.*)

« Le même jurisconsulte reproduit cette doctrine d'une manière plus générale, en disant : « Toutes les fois qu'un homme, avec juste raison, ou même à tort, mais cependant sans mauvaise foi, a pu se croire libre, il faut dire qu'ayant été de fait en liberté, il doit jouir de tous les avantages de la possession. *Generaliter dicendum est : quoties quis justis rationibus ductus, vel non justis, sine calliditate tamen putavit se liberum,* ET IN LIBERTATE MORATUS EST*; dicendum est, hunc in eâ causâ esse ut sine dolo malo in libertate fuerit; atque ideo possessionis commodo fruatur.* (L. 12. §. 3. au Digeste, *de liberali causâ.*)

« Le jugement qu'on rendait en pareil cas, pour maintenir et garder celui dont l'état était contesté, en possession de sa liberté, jusqu'à ce qu'il fût prouvé qu'il était esclave, s'appelait *vindicias dare secundùm libertatem.*

« C'est cette loi, et cette forme de procéder, que le décemvir Appius viola dans la personne de Virginie. *Decrevit vindicias secundùm servitutem.* Il renversa la règle ! et cette violation entraîna le soulèvement du peuple romain : car tout citoyen comprit à l'instant qu'il n'y avait plus de sûreté pour personne dans la possession de l'état d'homme libre, si cette possession ne servait pas au moins provisoirement à préserver ceux qui seraient revendiqués comme esclaves !

« Aussi les historiens ont flétri cette lâche sentence du décemvir, et lui-même fut plus tard accusé et condamné, non pas tant pour les autres méfaits de son administration que pour le crime spécial d'avoir décerné une provision en faveur de la servitude, tandis que sa propre loi, la loi des douze tables, prescrivait de maintenir la possession en faveur de la liberté. Ce sont les termes mêmes de la sentence qui fut portée contre lui :

« Omnium igitur tibi Ap. Claudi, quæ impiè nefarièque, per bien-
« nium alia super alia es ausus, *gratium facio* ! Uniùs tantùm criminis
« nisi vindices judicem te ab libertate in servitutem contra leges vindi-
« cias non dedisse, *in vincula te duci jubeo.* » (Tit.-Liv., lib. 3.)

« Telle était la position de Louisy. Il était libre de fait, ayant domicile en ville, y exerçant pour son compte une profession, celle de ferblantier ; enrôlé dans la milice, y faisant son service, et portant l'uniforme français. Il avait la *possession* de patroné.

« Si cette qualité lui eût été contestée par le ministère public, il eût fallu faire juger l'incident. On eût renvoyé le jugement de cette question préjudicielle à fins civiles ;

car les tribunaux civils sont seuls compétens pour statuer sur les questions d'État.

« Il eût été facile alors à Louisy de défendre sur les lieux mêmes sa qualité.

« A l'allégation qu'il était esclave, il eût demandé *où était son maître ?* Et la seule impossibilité où l'on eût été de le lui indiquer, aurait fait juger la question en sa faveur. La dame Ducasson elle-même, appelée par lui en témoignage, eût attesté que, s'il avait été son esclave, il ne l'était plus, car elle l'avait affranchi.

« Si on lui avait objecté les ordonnances réglementaires de 1713 et 1736, et le défaut de patente, il eût répondu que la représentation de la patente comme preuve de l'affranchissement consenti par le gouvernement, ne détruisait pas le fait de la renonciation par le maître à tout droit de propriété sur son esclave, ne détruisait pas le droit acquis résultant de cette libération, ni la possession d'état qui en avait été la suite, ni enfin le droit de joindre plus tard cette patente au titre primitif et fondamental d'affranchissement ; car il n'y a pas de délai fatal pour remplir cette forme qui n'est que de régularisation. Et, en attendant, il est toujours vrai de dire que le prétendu esclave n'a plus de maître, et qu'il est en liberté.

« Si l'on eût prétendu que, suivant ces ordonnances, Louisy devait être vendu comme *épave* du gouvernement, il eût allégué, et l'abrogation de fait de ce honteux trafic, et l'abrogation de droit résultant de la dépêche ministérielle du 2 mai 1828.

« Enfin, même dans le cas où il serait resté constant que Louisy était esclave lors de son admission dans la milice, il aurait répondu que, dans ce cas, l'officier qui l'avait admis pourrait bien être passible de l'amende prononcée par le règlement du 1er mars 1815, et que lui-même (Louisy) serait dans le cas d'être expulsé de la colonie ; mais que, dans aucune hypothèse, il ne pourrait être déclaré esclave, ni traité comme tel.

« Enfin, il aurait allégué que, une fois couvert de l'uniforme français, il était placé sous la sauvegarde du drapeau national, et comme en terre franche ; que, pour les fautes de discipline et les délits militaires, il n'eût été passible que des mêmes peines que les autres soldats ses compagnons d'armes ; et que, pour un délit commun, on ne pouvait pas le considérer avec moins de faveur ; car l'état d'une personne est indivisible, et l'on ne peut pas admettre que le même individu soit d'une part traité en soldat français, c'est-à-dire en homme libre, et d'autre part, qu'il puisse être saisi et traité comme esclave.

« La question n'a pas été agitée devant la cour d'assises de la Martinique. Devant cette cour, Louisy a allégué son état : *Proclamavit in libertatem.* Il s'est dit *patroné.* Il n'a pas été contredit par le ministère public. Le fait, je le répète, a paru concédé, parce que les magistrats ont pensé, en point de droit, sans néanmoins statuer distinctement sur ce point, que le patroné était passible des peines prononcées contre les esclaves. Mais l'erreur de droit, qui doit être appréciée séparément, ne détruit pas le fait que Louisy, non contredit sur ce point, a allégué sa liberté, sa qualité de patroné, sa possession d'état comme tel ; en un mot, a soutenu qu'il n'était pas esclave, et qu'il n'était point passible des peines prononcées contre les esclaves.

« La question d'état, relevée devant vous, n'a donc éprouvé aucun préjudice, elle est entière : il n'y a pas de fin de non recevoir, car l'allégation d'une qualité dont l'appréciation influe directement sur l'application de la peine, peut être elevée en tout état de cause, et la cour l'a suffisamment déclaré dans son avant faire droit.

« En l'état des choses, je pense que la qualité de Louisy comme *patroné*, déjà certaine à mes yeux par cela seul qu'alléguée devant la cour d'assises, elle n'a été ni contredite, ni repoussée par aucune décision, ni renvoyée à d'autres juges ; je pense, dis-je, que cette qualité est en outre certaine au procès par la *possession d'état* attestée par le domicile à part, la profession de ferblantier, et surtout l'admission dans la *milice*, non furtivement, mais pendant plusieurs années sous les yeux et le commandement de l'autorité.

« La puissance de cette possession n'opère pas seulement pour l'avenir tant qu'elle n'est pas détruite ; elle agit surtout pour le passé. Elle le protége : elle le couvre d'une égide impénétrable.

« Le possesseur même dont le titre est détruit pour l'avenir, fait les fruits siéns pour le passé, quand il a possédé de bonne foi.

« Il en est de même de l'esclave qui, affranchi par son maitre, a vecu de bonne foi en état de liberté, *sine calliditate in libertate moratus est.*

« Si cet esclave eût été promu à quelque fonction, ses actes seraient valables : nommé préteur, ses arrêts, comme ceux de Barbarius Philippus, seraient valables.

« Réciproquement, si un homme libre de fait a commis quelque délit, en lui appliquant les lois pénales, en lui objectant qu'il n'a pu les ignorer, il peut répondre que les connaissant parfaitement, il n'a pas cru encourir les peines infligées aux esclaves, mais seulement les peines encourues par les hommes placés dans l'état dont il est en possession.

« Dans ces circonstances, il nous paraît évident que Louisy n'a pas pu être condamné aux peines réservées aux seuls esclaves ; à la peine cruelle et humiliante d'être attaché au carcan et à la chaine, et de recevoir vingt-neuf coups de fouet de la main du bourreau, tandis que le délit qui lui était imputé, n'était, *pour tout homme non esclave*, passible que d'un simple emprisonnement.

« Ce n'est pas au moment où le gouvernement et les chambres, organes légitimes et intelligens de l'opinion publique, travaillent à adoucir et à améliorer la législation des colonies, que vous la rendrez plus sévère par une interprétation dont l'effet serait de ramener une classe entière qui s'élève à vingt mille hommes, jouissant de la liberté de fait avec le consentement des maitres qui les ont affranchis, de les ramener, dis-je, à l'état d'esclave, non pas en matière de droits civils et politiques (thèse toute différente et qui a fait toute l'illusion des premiers juges), mais en matière criminelle, en les soumettant à l'horrible peine du fouet.

« Et comment la cour voudrait-elle le juger ainsi, lorsque les tribunaux mêmes des colonies, aujourd'hui mieux éclairés sur la question par le seul effet produit par votre premier arrêt, sont revenus à une jurisprudence plus humaine, et selon nous plus conforme aux vrais principes de la loi.

« A ce sujet, je terminerai par un document précieux qui m'a été fourni par le magistrat qui a fait l'instruction, dans l'affaire Louisy, et qui se trouve en ce moment à Paris. Ce magistrat m'écrit :

« Monsieur le procureur-général,

« Le pourvoi en cassation interjeté par Louisy, patroné de la Martinique, va être plaidé jeudi prochain. Juge instructeur dans cette affaire, permettez-moi de vous donner quelques renseignemens.

« Je ne sais quels sont ceux qui vous ont été transmis par M. le procureur général intérimaire de la Martinique sur cette question ; mais, fournis par des colons, je ne saurais croire qu'ils sont favorables aux patronés.

« Cependant, M. le procureur-général, la cour royale de la Guadeloupe, dont plusieurs métropolitains font partie, a jugé plus de *dix fois*, depuis dix-huit mois, que les patronés étaient réputés comme libres pour l'application des lois pénales, et aux assises et en police correctionnelle, ils ont été condamnés avec cette désignation : un tel, *libre de fait*. Je ne dis pas qu'il ait été facile de faire adopter cette opinion, mais plusieurs jurés colons ont fort bien compris que la classe des patronés étant postérieure à la création des édits qui ne reconnaissaient que des esclaves proprement dits et des libres, il y avait insuffisance dans la loi, doute dans son application, et conséquemment que les patronés devaient être assimilés aux hommes libres.

« La Cour royale de la Martinique ayant connu la jurisprudence de celle de la Guadeloupe s'est rangée à son opinion, et, avant mon départ de cette dernière colonie, j'avais reçu une lettre de M. Olivier, conseiller-auditeur à la Martinique, qui m'apprenait cette grande détermination prise par la cour, composée uniquement de colons.

« Je dois ajouter, M. le procureur-général, que, parmi les doubles minutes déposées à Versailles, il existe entre autres un arrêt rendu par la cour d'assises de la Pointre-à-Pitre, en avril dernier, qui a condamné, comme libre de fait, à une peine correctionnelle, un homme de couleur, patroné, qui avait commis un vol concurremment avec un esclave; l'esclave fut condamné à une peine afflictive et infamante, et le libre à une peine correctionnelle.

« Je ne sais, Monsieur le procureur-général, si ces renseignemens peuvent vous être utiles, mais, sur l'honneur, je vous en affirme la véracité; si vous jugez convenable d'en faire usage, je n'aurai pas à me reprocher la plus légère inexactitude.

« Je suis avec respect, monsieur le procureur-général, etc.

« Adolphe Juston,

« *Conseiller-auditeur à la Cour royale de la Guadeloupe.*

« Paris, ce 5 mars 1833. »

« *P. S.* Je dois aussi déclarer qu'alors je remplissais les fonctions de procureur du roi et juge d'instruction, je n'ai *jamais* fait arrêter un *patroné* sans mandat régulier, tandis que je faisais arrêter les esclaves sur une simple *note* envoyée à la gendarmerie. »

« Dans ces circonstances, et par ces considérations, nous estimons qu'il y a lieu de casser l'arrêt rendu contre Louisy par la cour d'assises de la Martinique. »

ARRÊT

SUR LES CONCLUSIONS CONFORMES DE M. DUPIN, PROCUREUR-GÉNÉRAL.

« Ouï M. le conseiller Chantereyne en son rapport, Mᵉ Gatine, avo-
« cat, en ses observations pour le patroné Louisy, et M. le procureur-
« général en ses conclusions:
« La cour, après en avoir délibéré en la chambre du conseil;
« Sur le moyen de forme présenté par le demandeur;
« Attendu que des procès-verbaux transmis au greffe de la cour, en
« exécution de son arrêt interlocutoire du 18 juin dernier, il résulte
« que le tirage au sort des assesseurs et leur remplacement ont été con-
« formes à la loi, et qu'il n'y a eu sous ce rapport aucune violation des
« art. 390 et 393 de l'ordonnance du 10 octobre 1828;
« Rejette ce moyen.
« Statuant au fond : Attendu que Louisy, dans son interrogatoire du
« 3 mars 1831, a allégué sa qualité de *patroné;*
« Attendu que nonobstant cette qualité, non contestée, et justifiée
« d'ailleurs par les pièces produites en exéution du susdit arrêt inter-
« locutoire, et notamment par son admission dans la milice, la cour
« d'assises de la Martinique a condamné Louisy aux peines prononcées
« contre les esclaves;
« Attendu que ces peines ne peuvent être appliquées aux patronés,
« parce que ce qui manque à la régularisation définitive de leur titre
« d'affranchissement pour leur conférer la plénitude des droits afférens
« aux hommes libres, n'empêche pas qu'ils ne soient *libres de fait*, ce

« qui suffit pour que les dites peines ne puissent pas leur être ap-
« pliquées ;
   « Par ces motifs. et vu l'art. 417 du code d'instruction criminelle,
« appliqué par l'ordonnance du roi à l'île de la Martinique,
   « La cour casse et annule l'arrêt rendu le 21 mars 1831 par la cour
« d'assises de l'arrondissement de Saint-Pierre (île Martinique) contre
« le sieur Louisy, comme contenant une fausse application de l'ar-
« ticle 5 du code pénal colonial, de l'article 34 de l'ordonnance du
« mois de mars 1685 et de l'article 11 de l'ordonnance du 25 décem-
« bre 1783 ; et pour être procédé et statué conformément aux lois en
« vigueur dans la dite colonie sur l'accusation portée par le ministère
« public contre le dit Louisy, en conséquence de l'arrêt de renvoi pro-
« noncé par la cour royale, renvoie le prévenu dans l'état où il se
« trouve, et les pièces du procès, devant la cour d'assises séante au
« chef-lieu du Fort-Royal ; pour ce déterminée par délibération spé-
« ciale prise en la chambre du conseil. »
Cour de cassation. — Sect. crim. — 9 mars 1833.

MÉMOIRE REMIS A M. DUPIN AINÉ,

PROCUREUR-GÉNÉRAL A LA COUR DE CASSATION ;

A L'APPUI DU POURVOI DU SIEUR LOUISY-ADZÉE,

PATRONÉ DE LA MARTINIQUE,

Par **FABIEN**,

MANDATAIRE DES HOMMES DE COULEUR DE LA MARTINIQUE.

(1er décembre 1831.)

La cour de cassation , appelée à juger le pourvoi
de Louisy, va prononcer sur le sort des patronés en
général. Cette question d'humanité et de haute poli-
tique devant décider de l'avenir de 15 à 20,000 hommes, il importe que les magistrats appelés à statuer soient
éclairés sur une matière nouvelle pour eux ; et c'est dans
ce but que j'ai l'honneur de soumettre à M. le procureur
général à la cour de cassation les renseignemens et les
actes suivans.

Je commencerai d'abord par faire observer que le gouvernement qui a succédé à notre glorieuse révolution,
en reconnaissant une classe de patronés aux Antilles
françaises, s'est créé une difficulté de laquelle il ne
pourra sortir qu'en déclarant que tous les individus qu'il
a agglomérés dans cette classe sont régulièrement affranchis. Un plus long ajournement de cette déclaration serait
une injustice qui compromettrait l'existence des patronés.

Déjà j'ai dit et soutenu dans une brochure imprimée l'année dernière, que les personnes qui forment la classe des patronés ou libres de savane, étant assimilées à la classe libre, devraient être traitées comme citoyens français. Ma conviction, puisée dans le droit romain, est d'autant plus fondée qu'elle est appuyée de nombreux antécédens et de l'article 57 du code noir, qui dit que la volonté du maître suffit pour affranchir son esclave, *et que celui-ci n'a pas besoin de lettres de naturalité pour jouir des droits octroyés aux autres habitans des îles de l'Amérique.* Ma conviction est encore puisée dans le droit naturel, qui veut que tout homme naisse libre, et qu'aux Antilles mêmes, où une injuste exception a consacré l'esclavage, celui qui n'a pas de maître soit libre par le seul fait qu'il n'est la propriété de personne.

Ainsi donc, j'ai dit et je soutiens encore que :

1° L'esclave qui tient sa liberté d'un maître, est libre de droit, comme il l'est de fait.

2.° Celui qui, n'ayant plus de maître, s'est procuré un titre de manumission d'un gouvernement étranger, est libre de droit et de fait ; d'abord parce qu'il n'est la propriété de personne, et ensuite parce que le titre dont il est nanti provient d'un gouvernement reconnu par la France.

3ª Celui qui ayant suivi son maître à l'étranger, y a été affranchi, est régulièrement libre ; parce que, comme l'a fort bien prouvé un de nos plus profonds jurisconsultes, M. Dupin aîné, l'esclave n'a de domicile que celui de son maître ; et ce à tel point, que s'il plaisait à un colon résidant en France d'affranchir ses esclaves qui seraient à Cayenne ou à la Martinique, il le pourrait sans le secours des autorités de la colonie. Un acte notarié, notifié légalement, suffirait pour l'accomplissement de sa volonté. En voici la preuve :

Un colon de la Martinique, le sieur Blanchetière, directeur des domaines dans cette colonie, se trouvant à Paris en 1788, a fait affranchir son esclave par l'acte notarié ci-après :

« Aujourd'hui est comparu devant les conseillers du « roi notaires au Châtelet de Paris, soussignés,

« M. Jacques-François Blanchetière, directeur des « domaines à la Martinique, actuellement en France,

« demeurant à Paris, rue de Richelieu, hôtel de Lon-
« dres, paroisse St-Eustache ;

« Lequel voulant reconnaître les bons et fidèles ser-
« vices de son esclave, nommé Jacques Gabriel Métif, âgé
« de dix-sept ans, fils de la nommée Jeanne La Pouseille ;

« A, par ces présentes, déclaré qu'il met le dit Jacques
« Gabriel hors de sa puissance, et lui donne sa pleine et
« entière liberté,

« Pour le dit Jacques Gabriel en jouir comme per-
« sonne née libre, et participer en conséquence à tous
« les droits dévolus à ceux qui jouissent de l'état civil
« et de leur liberté.

« Pour faire enregistrer ces présentes et les faire signifier
« à qui il appartiendra, tout pouvoir est donné au porteur.

« Dont acte fait et passé à Paris, ès-étude, l'an mil
« sept cent quatre-vingt-huit, le sixième jour d'août, et
« a signé la minute des présentes demeurées à M.ᵉ Gi-
« roust, l'un des notaires soussignés. »

« Signés, Giroust et Quipan. »

Quant aux enfans qui naissent d'une patronée, ils sont
libres de naissance ; et l'on est plus injuste envers eux
qu'on ne l'est encore envers leur mère, quand on conteste à ces enfans leurs droits à la liberté.

L'autorité coloniale n'est pas moins injuste à la Martinique, lorsqu'elle conteste la validité des libertés qui ont
été obtenues ou achetées sous le gouvernement du général
Rochambeau, de 1791 à 1794. Ces titres de liberté sont
à mes yeux aussi réguliers que ceux que délivreraient
aujourd'hui les gouverneurs de nos colonies. Il est vrai
qu'au dire des colons, le général Rochambeau a admi-
nistré la Martinique dans un moment où la France était
en révolution ; et c'est pour méconnaître les actes émanés de ce gouverneur, qu'ils ont annulé toutes les libér-
tés qu'il avait délivrées.

Si la restauration a respecté la volonté des colons en
ce qui est relatif aux libertés de Rochambeau, le gouvernement que nous avons voté par acclamation méconnaî-
trait le principe de son institution, s'il sanctionnait un
acte aussi subversif de la souveraineté du peuple qui
l'a proclamé ; mais il ne le sanctionnera pas.

Louisy, indépendamment de sa qualité de patroné ou
libre de fait, réunit encore une condition qui, à elle seule, lui

donne des droits d'homme libre : il est soldat dans la garde
nationale de la Martinique, il porte l'uniforme français.

Mais au fait, qui soutient que Louisy est esclave ? Ce
sont MM. Arsène Nogues et Dessalles ; l'un procureur-
général en titre, et l'autre procureur-général en fonctions
à la Martinique. Voyons ce qu'ils disent, et commençons
d'abord par transcrire la lettre de M. Nogues à M. le
procureur du roi de St-Pierre, relativement au pourvoi
dont il est question.

Fort-Royal, 26 mars 1831.

« Monsieur le procureur du roi,

« Je reçois à l'instant la lettre dans laquelle vous m'an-
« noncez le pourvoi en cassation de l'esclave Louisy, con-
« damné par la cour d'assises de St-Pierre. Je ne puis
« croire que le greffier à qui j'avais déjà, dans le procès
« des nègres de M. Lassalle, donné des instructions à
« ce sujet, ait reçu ce pourvoi. Veuillez, je vous prie,
« prendre de nouveaux renseignemens, et m'informer
« de leurs résultats. Rappelez dans tous les cas à M. le
« greffier du tribunal qu'il n'y a pas de pourvoi en cassa-
« tion pour les esclaves, et qu'il *s'exposerait à la cen-*
« *sure de l'autorité* s'il agissait contre les règles tracées
« par la loi.   *Signé*, le procureur-général, Nogues. »

« *P. S.* Les patronés ne jouissent d'aucun des droits
« attribués aux libres. Si le pourvoi a été formé par un
« des avocats, faites-le moi connaître. »

En commençant sa lettre, M. le procureur général
dit que Louisy est *esclave*, et en la terminant il reconnaît
que Louisy est *patroné*. (1)

Est-ce erreur ? Est-ce ignorance qui fait raisonner ainsi
M. Nogues ? Dans l'un ou dans l'autre cas, il est de mon
devoir de dire que les patronés ne peuvent être soumis
à la loi appliquée aux esclaves, puisque, comme je l'ai
déjà dit, ils sont libres de fait comme ils le sont de droit ;
et ce, en vertu de l'édit de 1685, en vertu de la loi naturelle et du code de l'esclavage lui-même, qui veut que
l'homme qui n'a point de maître soit libre.

(1) Ici, M. Nogues raisonne à peu près comme M. Champvalier, ex-
procureur du roi à Saint-Pierre, dans l'affaire du sieur Félicien, qui
fut puni comme esclave, mais à qui le procureur du roi fit payer les
frais de la prison comme paient les seuls hommes libres.

(Voir, page 23, *Patronés* ou *Libres de savane*, brochure publiée
par l'auteur.)

M. le procureur-général en fonctions, Dessalles, argumente d'une autre manière ; il dit que les dispositions favorables à l'affranchissement, émanées du code noir et du droit romain, ont été modifiées et abrogées, parce qu'elles avaient été faites pour une autre société, ou pour une *espèce d'hommes bien différente*. Il dit encore que les patronés ou libres irréguliers ont une position purement administrative ; et il conclut qu'ils doivent être exclus de se pourvoir en cassation, parce que, à son avis, celui qui n'est pas libre est esclave (1).

(1) La cour de cassation condamne l'opinion de MM. Dessalles et Nogues par son arrêt du 18 juin 1831, affaire Louisy.

A la Martinique, avant notre révolution de juillet, les personnes porteuses de libertés étrangères étaient considérées, par l'administration, comme régulièrement libres.

Voici une copie littérale de la feuille de dénombrement délivrée à une patronée, ainsi que sa quittance d'imposition :

MARTINIQUE.

EXERCICE AN 1827.

=====

Qualité d'habitant.

VILLE.

=====

Taxe.

DOMAINE DU ROI. — DÉNOMBREMENT.

GENS DE COULEUR PORTEURS DE TITRES DE LIBERTÉ ETRANGERS ET NON RATIFIÉS DANS LA COLONIE.

Paroisse du Fort, rue Grande, n° 18.

Je soussignée SUZANNE, dite *Suzette*, L. E., porteuse d'un titre de *liberté*, à moi accordé à Saint-Barthélemy, et *non ratifié* à la Martinique, déclare que ma famille est composée des têtes ci-après dénommées et ainsi qu'il suit ; savoir :

	NOMS, PRÉNOMS ET SURNOMS.	AGE DES PERSONNES.			MÉTIER des OUVRIERS.
		De 14 à 60 ans	Enfans	Sexagénaires.	
MOI, COMME DESSUS.	. . . .	30			
Ici le nom de l'épouse et son âge.					
Ici le nom des enfans et leur âge.	LOUISIA.		9		
	JOSEPH-ALEXANDRE. .		7		
	MARIE		3		
ESCLAVE.					
	MARIE URSULE.		13		

· Fait et affirmé véritable, aux peines des ordonnances, à Saint-Pierre, le 15 décembre 1826.

Signé, VIRGINY.

On sera étonné, sans doute, d'entendre de la bouche d'un magistrat d'aussi étranges argumentations, mais cet étonnement cessera quand on saura que M. Dessalles est créole de la Martinique et qu'il est imbu au plus haut degré des idées et des préjugés de sa caste. Ces préjugés, quand ils ne sont pas modifiés par une éducation libérale, dégénèrent en absurdité, et dès lors il est permis de divaguer et d'être injuste au dernier point.

Je ne sais pas ce que M. Dessalles entend quand il parle d'hommes d'une espèce *bien différente ;* voudrait-il dire qu'il faut deux poids et deux mesures pour rendre la justice ? Voudrait-il inculquer sa pensée aux Français métropolitains et leur persuader que le patroné qu'il assimile à l'esclave est un être purement matériel ? Il tenterait vainement de les en convaincre, et en admettant même qu'il y parvint et que l'esclave fût considéré comme une bête de somme, comme un cheval, comme un bœuf ; n'est-il pas loisible à celui qui possède un cheval de le mettre en liberté dans sa prairie ? Est-il défendu à celui qui possède un bœuf de le laisser paitre à volonté dans ses champs, de le laisser libre dans ses domaines ? Ainsi, en accordant à M. Dessalles ce qu'il veut, il n'aurait pas encore raison, et ses argumens mêmes tourneraient contre lui.

Il allègue enfin que les *libres irréguliers* et les patro-

MARTINIQUE.

=====

Arrondissement
DE SAINT-PIERRE.

—

Paroisse du Fort.

N° 772 de la cote, f° 25 du rôle de capitulation.

BUREAU DU DOMAINE.

Contributions directes pour l'an 1827.

Je soussigné, reconnais avoir reçu de SUZANNE, dite *Suzette*, M. L. E., la somme de *quatre-vingt-dix francs*, montant de la cote de contributions publiques, réparties par le directeur-général de l'intérieur, laquelle cote est portée sur le rôle, f° et n° ci-contre ; savoir :

CAPITULATION : 3 têtes, { à 22 f. pour la caisse coloniale. . 66 f.
{ à 8 f. pour la caisse municipale. 24 f.

Total. . . . . . 90 f.

A Saint-Pierre-Martinique, le 2 février 1830.

Le trésorier-général , signé LIOT.

Certifié conforme aux rôles :

Le chef du bureau du Domaine, signé B. CAZENEUVE.

nés, n'ayant qu'une *position administrative*, ne sont pas légalement libres, et que dès lors ils sont esclaves. Je ne demanderai pas à M. Dessalles ce qu'il entend par *position administrative*, libre à lui de mettre les administrateurs et les administrés dans toutes les positions qu'il voudra ; mais je lui répondrai que celui qui n'est pas esclave, celui qui n'a pas de maître enfin, est aussi libre que qui que ce soit ; or, le patroné étant affranchi par celui qui le possédait, le libre irrégulier, comme le dit M. Dessalles, étant porteur d'un titre de manumission quelconque, l'un et l'autre, par cela seul qu'ils n'ont plus de maître et qu'ils sont inscrits sur un registre établi par le chef du gouvernement, par cela seul qu'ils sont enrôlés et qu'ils font leur service dans la garde nationale ou la milice du pays, l'un et l'autre sont aussi libres que M. Dessalles lui-même ; car si on demandait à celui-ci ses titres de liberté, je ne saurais où il en trouverait pour prouver qu'il n'est pas esclave ; sans doute il répondrait, je tiens ma liberté de Dieu et de la nature ; eh bien ! le patroné répond à son tour, je tiens ma liberté de Dieu, de la nature et de mon ancien maître ; mais que M. Dessalles se tranquillise ; personne ne sera tenté de lui ravir sa liberté, ni les droits qu'elle consacre (1).

Au reste, nos plus savans jurisconsultes , MM. Dupin aîné et Isambert , MM. Chauveau-Lagarde, et autres magistrats non moins honorables, ne font pas le moindre doute que les patronés ne soient libres. Le gouvernement lui-même est pénétré de cette vérité et il l'a proclamée dans le préambule de l'ordonnance royale du 1er mars 1831, qui défend aux administrateurs d'exiger aucune taxe pour les affranchissemens.

Voici cette ordonnance et le rapport qui précède :

RAPPORT AU ROI.

« Sire,

« Les décisions locales ont, dans nos colonies, soumis à une taxe aux profit des caisses coloniales l'acte de

(1) M. Dessalles est l'ennemi avoué des hommes de couleur ; il a voté la peine de mort, en 1824, contre ceux qui avaient lu la brochure intitulée : *De la situation des hommes de couleur aux Antilles françaises*, brochure publiée à Paris par M. le marquis de Sainte-Croix, et distribuée par lui aux ministres et aux chambres.

l'autorité administrative par lequel la concession de la liberté à un esclave est rendue légale.

« Cette taxe qui, dans quelques colonies, s'est élevée jusqu'à 1,500 fr., a souvent porté les colons à s'abstenir de solliciter la confirmation des libertés par eux données, et indépendamment desquelles ils doivent assurer aux affranchis des moyens d'existence.

« C'est une des causes qui ont rendu si nombreuse cette classe de libres de fait dont l'état social n'a point été fixé.

« D'un autre côté, l'intention du gouvernement étant de ne mettre désormais, en ce qui le concerne, *aucun obstacle* à ce que les maîtres confèrent à leurs esclaves le don de la liberté, il convient, dans cette vue, de lever au plus tôt l'empêchement qui peut résulter de la taxe dont il s'agit.

« J'ai l'honneur de soumettre à votre majesté un projet d'ordonnance royale rédigée dans ce sens.

« Je suis, avec un profond respect,

« SIRE,

« De votre majesté, le très-humble, etc.

« Signé comte D'ARGOUT. »

ORDONNANCE DU ROI.

« LOUIS-PHILIPPE, roi des Français, à tous présens et à venir, salut ;

« Sur le rapport de notre ministre de la marine et des colonies,

« Nous avons ordonné et ordonnons ce qui suit :

« Art. 1er. A compter de la publication de la présente ordonnance, il ne sera perçu dans nos colonies aucune taxe administrative pour affranchissement.

« Art. 2. Notre ministre secrétaire-d'État de la marine et des colonies est chargé de l'exécution de la présente ordonnance.

« Signé LOUIS-PHILIPPE.

« Par le roi,

« *Le pair de France*, etc.,

« Signé comte D'ARGOUT. »

M. d'Argout, en abolissant la taxe que les administrateurs coloniaux exigeaient illégalement pour confirmer les affranchissemens, n'aurait pas donné d'une main pour reprendre de l'autre; et s'il avait cru à la mauvaise foi de l'administration coloniale, il aurait proposé au roi en termes plus explicites de reconnaître régulièrement affranchis tous les individus qui forment aujourd'hui la classe des patronés.

Mais ce ministre a dû croire, comme il a cru en effet, que les gouverneurs de nos îles se seraient empressés de ratifier toutes les libertés irrégulières, et je ne saurais trop répéter ce qu'il nous a souvent dit à l'égard des patronés : « La présomption sera toujours en faveur « de la liberté, car la liberté est le principe, et l'escla « vage, l'exception.

« Désormais tous les individus qui n'auront pas de « maîtres seront déclarés libres par le gouvernement. »

M. Sébastiani, prédécesseur de M. d'Argout au ministère de la marine, avait donné au gouverneur de la Martinique des instructions conformes aux principes articulés par son successeur. Ce gouverneur avait commencé à les exécuter en partie, lorsque tout-à-coup il s'est arrêté par des considérations que nous ne cherchions point à pénétrer, mais qui se sont d'elles-mêmes révélées à nous lorsqu'en dernier lieu nous avons vu M. de Rigny garder un inconcevable silence à l'égard des patronés dans la loi par lui proposée à la chambre des députés, sur l'état des personnes aux colonies. Serait-ce que l'influence de MM. Nogues et Dessalles aurait pénétré si haut? Serait-ce que l'esprit des bureaux aurait fait ajourner la question des patronés? Serait-ce enfin que la commission de législation coloniale aurait détruit ce qu'elle avait déjà fait? Pour répondre séparément à ces trois suppositions, il me faudrait un temps que je n'ai pas aujourd'hui, puisque la question va être bientôt agitée à la cour de cassation et à la chambre des députés en même temps. Il me suffira donc de dire que je rends trop de justice à MM. Nogues et Dessalles pour leur supposer la moindre influence sur le ministère; que l'esprit des bureaux, bien qu'il pourrait être meilleur, n'est pas assez ennemi de la tranquillité des colonies pour conseiller l'ajournement d'une question qui se rattache essentielle-

ment à cette tranquillité, et que la commission elle-même
est trop pénétrée de sa dignité et de ses devoirs pour ne
pas apprécier les besoins et les nécessités impérieuses de
l'époque, qui d'ailleurs parlent plus haut que toutes les
clameurs hypocrites de la camarilla coloniale.

Mais puisque j'ai été amené à parler de la commission,
il faut que je dise que la composition n'est pas telle qu'elle
était lorsqu'elle a élaboré la loi que M. de Tracy a proposée à la chambre des députés dans sa séance du 6 septembre dernier; d'abord cet honorable député n'en fait
plus partie; M. d'Argout n'y assiste plus, ni comme membre de la commission, ni comme ministre de la marine;
M. d'Imbert de Bourdillon en a été éloigné; M. Auguste
Billard, nommé préfet d'un département, a dû quitter nécessairement. Mais par qui ont-ils été remplacés? par
MM. Laplagne-Barris, Lamardelle, Passy et Arsène
Nogues.

M. Passy est le seul des nouveaux membres de la commission qui ne nous inspire pas une juste défiance : homme
d'une grande capacité, il a vu et étudié toutes les colonies; et il est revenu en Europe comme il en était parti;
sans préjugé des couleurs, sans préventions contre les
esclaves, et sans haine contre leurs possesseurs; enfin, il
est revenu honnête homme.

M. Laplagne-Barris est sans doute un parfait honnête
homme, un magistrat éclairé; mais un fâcheux antécé-
dent dans notre affaire nous porte à le juger sévèrement,
peut-être, en disant qu'il n'aurait pas dû accepter de faire
partie de cette commission, attendu qu'il s'était prononcé contre le hommes de couleur dans le procès de
MM. Volny, Fabien et Bissette.

M. Lamardelle, qui a eu tant à se plaindre en 1821
des colons de la Martinique, veut aujourd'hui se les atta-
cher en plaidant leur cause avec une partialité qu'on ne
sera pas surpris de rencontrer dans cet ancien commissaire de justice, quand on saura qu'il est créole lui-même.
M. d'Argout, à qui on avait proposé de glisser un créole
dans le sein de la commission, avait répondu : « Si j'ad-
« mets un créole blanc, j'admettrais aussi un homme de
« couleur, car, au moins, les deux partis pourront faire
« valoir leurs droits. » Son successeur a fait le contraire, et nous savons que M. Lamardelle est un de ceux
qui s'opposent avec le plus de tenacité à toutes les me-

·sures qui peuvent amener les résultats que nous atten-
dons.

Quant à M. Nogues, je n'en aurais pas parlé, s'il ne
s'était déclaré le défenseur officieux des colons, et l'ennemi déclaré des patronés ou libres de savane. Sa lettre
au procureur du roi de Saint-Pierre décèle plutôt un
homme de parti qu'un magistrat pénétré de ses devoirs.
Cependant, s'il n'avait eu que cela à se reprocher, on
aurait pu s'abstenir de le lui imputer comme une préva-
rication; car on lui aurait supposé d'autres sentimens que
ceux qui paraissent avoir suggéré cette démarche; mais
comme il a des antécédens tout aussi déplorables, il est de
mon devoir de les rappeler, autant dans l'intérêt de la
cause que j'ai embrassée que pour éclairer la commission
sur un de ses membres.

M. Arsène Nogues, envoyé à la Guadeloupe pour remplir les hautes fonctions de chef de parquet, s'est cons-
tamment rangé du côté des colons blancs contre les
hommes de couleur; ceux-ci ont eu à se plaindre de sa
partialité, et ils allaient élever des réclamations, lorsque
M. Nogues fut nommé procureur-général à la Martinique. Toutefois, avant son départ de la Guadeloupe, il
contribua à la déportation, extra-judiciaire et illégale, de
M. Pol, jeune Européen qui était allé dans la colonie
pour y élever une maison d'éducation, et qui s'attira la
colère des colons blancs et celle de M. le procureur-général, pour ne vouloir pas être ingrat envers les hommes
de couleur qui l'avaient accueilli à son arrivée, et avec
lesquels il était intimement lié. La reconnaissance est sans
doute un crime aux yeux de M. Nogues.

Nonobstant les reproches qui peuvent être adressés à
ce magistrat, relativement à l'affaire de M. Pol, d'autres
raisons devaient lui interdire de faire partie de la commission de législation coloniale. M. de Turpin, ancien
commandant de l'île Marie-Galante, élève contre lui des
plaintes graves; l'affaire étant en instance devant le conseil d'état et la cour de cassation, le ministre aurait dû
s'abstenir de nommer M. Nogues, et celui-ci aurait dû
refuser d'être membre d'une commission où il ne faut
que des hommes irréprochables et sans aucun des antécédens que j'ai signalés.

Nous avons examiné la carrière judiciaire administrative de M. Nogues à la Guadeloupe, voyons ce qu'elle a été à la Martinique :

D'abord, je dirai que de nombreuses plaintes de mes commettans me sont parvenues contre lui, et qu'elles se trouvent suffisamment justifiées par la lettre de ce magistrat au procureur du roi, à Saint-Pierre, que nous avons rapportée plus haut. Mais ce n'est pas tout; des événemens plus graves et plus déplorables encore se passent en février dernier dans la colonie. Quelques cannes de plusieurs sucreries, qui avoisinent la ville de Saint-Pierre, deviennent la proie des flammes : on ne sait pas qui y a mis le feu; mais les esclaves, objets d'une suspicion permanente, sont arrêtés par centaines, ainsi que deux blancs, MM. Lechevalier et Bosc; ce dernier, géreur de l'habitation de madame Dariste. On instruit contre eux; vingt-six esclaves sont condamnés A MORT! On acquitte à dessein M. Bosc; mais, chose inconcevable! M. Lechevalier est condamné par contumace comme non révélateur, quand au même instant, et d'après ses révélations, le même tribunal condamne les malheureux esclaves à être *pendus et étranglés*. Heureusement M. Lechevalier, qui avait été d'abord remis en liberté, s'étant soustrait à une nouvelle arrestation, est arrivé en France, où il espère obtenir les réparations qui lui sont dues. M. Bosc fut acquitté, parce que, condamné, il eût appelé en cassation, et les vingt-six esclaves, ses coaccusés, auraient profité du bénéfice du pourvoi. Toutefois, un jugement prononcé dans un moment de terreur, où toutes les passions étaient soulevées, pouvait être déféré à la cour de cassation; mais qu'ont fait M. le procureur-général Nogues et M. le gouverneur Dupotet? Ils l'ont fait exécuter! Vingt-quatre malheureux, dans lesquels la notoriété publique désigne quatorze innocens, ont péri de la main du bourreau! Ils sont morts, et ils avaient le droit de se pourvoir en cassation!!! L'ordonnance organique du 12 octobre 1828 dit explicitement que les accusés peuvent se pourvoir; les ordonnances antérieures leur permettaient de recourir à la clémence du roi, et ils ont été exécutés!.... et MM. Arsène Nogues et Dupotet ont ordonné leur supplice!... Un sursis eût pu sauver ceux que les magistrats chargés d'instruire n'avaient pas reconnus coupables; c'eût été un crime de moins à déplorer. Mais, regrets superflus, il n'est plus temps de les sauver !... Un juge équitable et infaillible les a reçus là-haut ; il les jugera comme ils nous jugera tous ; et si ses arrêts sont sans appel, du moins pouvons-nous dire qu'ils sont sans passions et sans haine.

Cette digression pourra être appréciée dans l'intérêt général de la cause, sans nuire aucunement au pourvoi de Lousy ; au contraire, elle peut servir à convaincre que les renseignemens, lettres et mémoires fournis par la colonie ont dû se ressentir nécessairement des passions locales sous l'influence desquelles ils ont été rédigés, et que les magistrats coloniaux eux-mêmes, n'ayant pas été à l'abri de ces passions, leurs écrits doivent être l'objet d'une juste et légitime suspicion.

FABIEN,

Mandataire des hommes de couleur
de la Martinique.

PRODUCTION :
Les pièces originales annoncées dans ce Mémoire.

Paris, 1er décembre 1831.

Nota. L'opinion de M. le procureur-général Dupin, en 1831, était, qu'aux termes de l'ordonnance de 1828, les esclaves ont le droit de se pourvoir en cassation.